맑스 · 엥겔스
에센스 02

임금노동과 자본
가치, 가격, 이윤

박종철출판사는 신의와 신념을 위해 죽은 우리의 벗을 기억하고자
1990년에 설립되었으며, 그와 함께 꿈꾸었던 세상을 만드는 데
보탬이 되고자 합니다.

임금노동과 자본
가치, 가격, 이윤

칼 맑스 · 프리드리히 엥겔스 지음
김태호 옮김

박종철출판사

차례

일러두기

1.

1) 「임금노동과 자본」은 프리드리히 엥겔스가 교열하고 서문을 붙여 1891년에 출판한 "Lohnarbeit und Kapital"에 따라 옮겼고 텍스트는 다음과 같다.

Karl Marx/Friedrich Engels: Werke, Institut für Marxismus-Leninismus beim ZK der SED, Dietz Verlag, Berlin, Band 6, 397～423와 Band 22, 202～209.

참조한 영어판와 일어판은 다음과 같다.

Karl Marx/Frederick Engels: Collected Works, Progress Publishers, Moscow, vol. 9, 197～228과 vol. 27, 194～201.

『マルクス=エンゲルス8巻選集』, 大月書店, 1974, 第2巻, 181~214.

2) 「가치, 가격, 이윤」은 엘레노어 에이블링이 편집하여 1898년에 출판한 "Value, Price, and Profit"에 따라 옮겼고 텍스트는 다음과 같다.

Karl Marx/Frederick Engels: Collected Works, Progress Publishers, Moscow, vol. 20, 101～149.

참조한 독일어판과 일어판은 다음과 같다.

Karl Marx/Friedrich Engels: Werke, Institut für Marxismus-Leninismus beim ZK der SED, Dietz Verlag, Berlin, Band 16, 101～152.

『マルクス=エンゲルス8巻選集』, 大月書店, 1974, 第4巻, 109～155.

2. 후주는 모두 번역자가 붙인 것이다.

3. 문장부호는 한국어에 어울리게 바꾸었으며, 원문에 이탤릭체로 표시된 강조는 **굵은 활자**로 처리했고, 원문에 모두 대문자로 표기한 강조는 작은따옴표(' ') 안에 넣었고, 원문에 굵은 활자로 표시된 강조는 **매우 굵은 활자**로 처리했다.

4. 외래어는 1986년 '외래어 표기법'(문교부 고시 제85-11호)에 꼭 따르지 않고 원음에 가깝게 표기하기도 했다.

5. 언급된 문헌의 한국어 번역본의 쪽을 표시한 경우, 그 번역본의 번역을 꼭 따른 것은 아니다.

6. 이 책에 나오는 도량형을 미터법으로 환산하면 다음과 같다.
1) 길이
엘레 Elle = 약 66센티미터
야드 yard = 약 91.44센티미터
2) 무게
파운드 pound = 약 453.592그램
온스 ounce = (일반적으로는) $\frac{1}{16}$파운드 = 약 28.35그램
= (귀금속이나 약제는) $\frac{1}{12}$파운드 = 약 31.1그램
로트 Lot = $\frac{1}{32}$ 또는 $\frac{1}{30}$파운드 = 약 15그램
쩬트너 Zentner = 100파운드 = 45.3592킬로그램
쿼터 quarter = 12.7킬로그램
부셸 bushel = 약 28.1226킬로그램

7. 이 책에 나오는 화폐단위 사이의 관계는 다음과 같다.
1) 독일
페니히 Phennig = $\frac{1}{100}$마르크 Mark
탈러 Taler = 3마르크
은그로셴 Groschen = $\frac{1}{30}$탈러
2) 영국
파운드스털링pound sterling = 20실링 shilling
실링 shilling = 12페니penny/pence

임금노동과 자본

1891년판 머리말

다음의 저작은 1849년 4월 5일부터 『신라인신문』에 논설 시리즈로 발표됐던 것이다. 그 시리즈는 **맑스**가 1847년에 브뤼셀의 독일인 노동자 단체에서 강의했던 것을 기초로 한 것이다. 그 시리즈는 인쇄물로서는 미완성이다. "속편 이어짐"이라고 제269호 끝머리에 써 둔 말은 당시 쇄도하던 사건들로 인해 지켜지지 못한 채로 있었는데, 그 사건들이란 러시아인의 헝가리 침공[1]과 드레스덴, 이절론, 엘버펠트, 팔쯔, 바덴 등지에서 벌어진 봉기를 말하며, 그 봉기들로 인해 신문 자체가 탄압을 받기도 했다(1849년 5월 19일)[2]. 그 속편의 원고들은 맑스의 유고에서 찾지 못했다.[3]

『임금노동과 자본』은 소책자 형태 단행본으로 여러 판이 나와 있으며, 가장 최근에는 1884년 호팅겐-쮜리히에서 스위스협동조합인쇄소가 냈다. 이제까지의 이러한 판본들에는 원본에 있던 정확한 자구가 담겨 있다. 그러나 본 신판은 선전 문서로 10,000부는 보급될 것이며, 그렇기 때문에 맑스 자신이라면 이러한 상황에서 자구를 바꾸지 않는 것에 동의했을 것인지 하는 질문이 나에게 파고들지 않을 수 없었다.

40년대에 맑스는 자신의 정치경제학 비판을 아직 종결하지 못하고 있었다. 그 일은 50년대 말쯤에 가서야 이루어졌다. 따라서 『정치경제학 비판을 위하여』 제1분책(1859년)[4] 이전에 나온 그의 저술들은 1859년 이래로 집필된 것들과는 세세한 점에서는 다르며, 그런 저술들에는 이후 저술들 입장에서 보자면 애매하고 심지어 옳지 않은 것으로까지 보이는 표현도 담겨 있고 나아가서는 문장 전체가 그렇기도 하다. 그런데 일반 대중을 위한 것으로 예정된 보통의 판이라면 저자의 정신적 발전에 넣을 수 있는 이러한 이전의 입장이 담겨도 어울린다는 점과 저자에게도 대중에게도 이러한 옛 저술을 바꾸지 않고 인쇄하겠다는 반발할 수 없는 권리가 있다는 점은 자명하다. 그리고 그런 경우였다면, 나에게는 단어 하나라도 고칠 생각이 꿈에도 들지 않았을 것이다.

새로운 판이 노동자들 사이에서의 선전을 위한 것으로 전적으로 예정된 것과 다를 바 없다면, 사정은 달라진다. 그랬다면 무조건 맑스는 1849년으로 거슬러 올라가는 낡은 서술이 자신의 새로운 입장과 조화되도록 했을 것이다. 그리고 확신하건대, 나는 모든 본질적인 점에서 이러한 목적을 이루는 데 꼭 필요해서 **이번 판을 위해** 조금 고치고 내용을 추가할 때 그의 뜻에 따랐다. 따라서 독자에게 다음과 같은 점을 미리 말해 두려 한다. 이것은 맑스가 1849년에 적어 놓은 소책자가 아니라 맑스가 1891년에 썼을 것과 유사한 소책자다. 게다가 진짜 텍스트는 꽤 많은 부수가 보급되어 있어서, 훗날 만들어질 전집에 내가 그대로 담아 찍기에는 그것으로도 족하다.

내가 고친 것들은 모두 한 가지 점을 중심에 놓고 있다. 원본에 따르면, 노동자는 임금을 받고 자본가에게 자신의 **노동**을 판매한다. 지금의 텍스트에 따르면, 노동자는 자신의 노동**력**을 판매한다. 그리고 이렇게 고친 것 때문에 나에게는 알려 둘 책임이 있다. 노동자들에게 알려 두고자 하는 것은 여기에 놓인 것이 그저 자구를 꼬치꼬치 따지자는 문제가 아니라 오히려 정치경제학 전체에서 가장 중요한 지점 가운데 하나임을 노동자들이 보게 하기 위함이다. 부르주아에게 알려 두고자 하는 것은 배우지 못한 노동자들, 하지만 가장 어려운 경제학 설명도 쉽게 이해하게 될 수 있는 노동자들이 우리의 콧대 높은 "배웠다는 사람들", 하지만 그러한 얽히고설킨 문제를 평생토록 해결하지 못한 채 지내는 그 사람들보다 얼마나 강력한지를 부르주아가 납득할 수 있게 하기 위함이다.

고전파정치경제학은 자기 노동자의 **노동**을 구매하고 지불한다는 식의 공장주의 통례적 관념을 산업상의 실무 처리 방식에서 넘겨받았다. 공장주의 상관습, 부기, 가격 책정 따위에는 이러한 관념으로도 전적으로 족했다. 그러한 관념은 정치경제학으로 순진하게 옮겨지자 거기서 상당히 기묘한 오류와 혼란을 빚어냈다.

경제학이 마주하는 사실은 자신이 "노동"이라고 부르는 상품의 가격도 포함하는 모든 상품의 가격은 지속적으로 변한다는 점, 그리고 그러한 가격은 상품 자체의 제조와는 전혀 관련이 없는 일이 잦은 대단히 다양한 상황으로 인해 상승하고 하락하여 통상적으로 순전히 우연에 의해 결정되는 것처럼 보인다는 점이다. 그리하여 경제학이 학문으로 등장하자마자, 경제학의 최초의 과제 가운데 하나는 법칙을 찾는 것, 즉 겉보기에는 상품 가격 위에 군림하는 듯한 그 우연 뒤에 숨어 있으면서 실제로는 이러한 우연 자체 위에 군림하는 법칙을 찾는 것이었다. 경제학은 때로는 위로 때로는 아래로 지속적으로 변동하고 진동하는 상품 가격의 내부에서 이러한 변동과 진동이 일어날 때의 축이 되는 확고한 중심점을 찾아내려 했다. 한마디로, 경제학은 상품의 **가격**에서 출발하고는 그 상품 가격을 규정하는 법칙으로서의 상품의 **가치**, 즉 모든 가격 변동을 설명하고 결국 다시 모든 가격 변동의 원인으로 돌려 마땅한 가치라는 것을 찾으려 했다.

이제 고전파경제학은 어떤 상품의 가치는 그 상품에 박혀 있고 그 상품의 생산에 필요한 노동에 의해 결정된다는 것을 알아냈다. 이런 설명으로 고전파경제학은 만족했다. 그리고 우리 또한 당분간은 여기 머물러 있을 수도 있을 것이다. 다만 오해를 피하고자, 나는 이런 설명이 요즘에는 완전히 불충분한 것이 되었음을 상기시키고자 한다. 맑스는 가치를 형성한다는 노동의 속성을 최초로 세심하게 연구했으며, 그렇게 함으로써 그가 알아낸 것은 겉보기에 그렇든 실제로도 그렇든 어떤 상품의 생산에 필요한 노동이라고 해서 모두, 써 버린 노동량에 조응하는 가치 크기를 모든 상황에서 그 상품에 첨가하는 것은 아니라는 점이다. 따라서 우리가 오늘날 리카도 같은 경제학자들이 그렇듯 간단하게 어떤 상품의 가치는 그 상품의 생산에 필요한 노동에 의해 결정된다고 말한다면, 그때 우리는 맑스가 유보해 둔 것을 부단히 전제하고 있는 셈이다. 여기서는 이것으로 충분하다. 이 이상의 것은 『정치경제학 비판을 위하여』(1859년)와 『자본』 제1권[5]에서 찾을 수 있다.

그러나 경제학자들은 이처럼 노동이 가치를 결정한다는 점을 "노동"이라는 상품에 응용하자마자, 하나의 모순에서 벗어나 다른 모순에 빠지게 됐다. "노동"의 가치는 어떻게 결정되는가? 그것에 박혀 있는 필요한 노동에 의해 결정된다. 그런데 노동자의 하루, 한 주, 한 달, 한 해 동안의 노동에는 얼마만큼의 노동이 박혀 있는가? 하루, 한 주, 한 달, 한 해의 노동이 박혀 있다. 노동이 모든 가치의 척도라면, 우리는 "노동의 가치"를 노동으로만 표현할 수 있을 것이다. 그러나 우리가 고작 알고 있는 것이 한 시간 노동의 가치가 한 시간 노동과 같다는 것뿐이라면, 우리는 한 시간 노동의 가치에 관해 전혀 알지 못하는 셈이다. 따라서 그런 것으로는 목표에 머리털만큼도 다가가지 못했고, 원 안에서 계속 돌고 있는 셈이다.

그리하여 고전파경제학은 다른 어법으로 시도했다. 어떤 상품의 가치는 그 상품의 생산비와 같다고 말한 것이다. 그런데 노동의 생산비란 무엇인가? 경제학자들은 이 질문에 답하기 위해 논리를 조금 왜곡하지 않을 수 없었다. 유감스럽게도 계산해 낼 수 없는 노동 자체의 생산비 대신에 이제 **노동자**의 생산비가 무엇인지를 연구한다. 그리고 이것은 계산해 낼 수 있는 것이다. 노동자의 생산비는 시간과 상황에 따라 변하긴 하지만, 주어진 사회 상태, 주어진 장소, 주어진 생산 부문에 대해서는 그것 역시 주어져 있으며, 적어도 꽤나 좁은 한계 안에 있다. 우리는 오늘날 자본주의적 생산의 지배 아래서 생활하고 있으며, 거기서는 주민 가운데 다수이며 부단히 증가하는 계급은 생산수단 — 공구, 기계, 원료, 생활수단 — 의 소유자를 위해 임금을 받고 노동할 때에만 생활할 수 있다. 이러한 생산방식을 기반으로 삼는다면, 노동자의 생산비란 노동자를 노동할 수 있게 만드는 데, 노동할 수 있게 유지하는 데, 고령, 질병이나 죽음으로 인해 사망할 때 새로운 노동자로 대체하는 데, 따라서 노동자계급을 필요한 수로 번식하게 하는 데 평균적으로 필요한 생활수단의 합계 — 또는 그것의 화폐

가격 — 다. 이러한 생활수단의 화폐가격이 평균하여 날마다 3마르크라고 하자.

따라서 우리의 노동자는 자신을 고용하고 있는 자본가에게서 날마다 3마르크의 임금을 얻는다. 자본가는 노동자에게 그 대가로 날마다 예컨대 12시간을 노동하게 한다. 덧붙이자면 이 자본가는 대략 아래와 같은 방식으로 계산한다.

우리의 노동자 — 기계공 — 는 기계 부속을 만들어야 하며 그 일을 하루 만에 끝낸다고 치자. 원료 — 필요한 형태로 가공된 쇠와 놋쇠 — 에 20마르크가 든다고 하자. 증기기관이 소모하는 석탄, 바로 그 증기기관과 선반과 우리의 노동자가 노동할 때 이용하는 그 밖의 공구 따위의 마모는 하루에 그 노동자의 몫으로 산정하여 1마르크 가치라 하자. 하루치 임금은 우리 가정에 따르면 3마르크다. 우리 기계 부속을 위해 전부 24마르크가 들었다. 그런데 자본가는 이에 그치지 않고, 기계 부속의 대가로 고객에게서 27마르크라는 가격을 얻는다고, 따라서 자신이 깔아 놓은 비용을 넘어 3마르크를 더 얻는다고 계산한다.

자본가가 챙기는 이 3마르크는 어디서 나오는 것일까? 고전파 경제학 주장에 따르면, 상품은 평균하여 그 가치에, 즉 그 상품에 포함되어 있는 필요한 노동량에 조응하는 가격에 판매된다. 따라서 우리 기계 부품의 평균가격 — 27마르크 — 은 그 부품의 가치와 같을 것이며, 그 부품에 박혀 있는 노동과 같을 것이다. 그런데 이 27마르크 가운데 21마르크는 우리 기계공이 노동하기 시작하기 전에 이미 존재했던 것이다. 20마르크는 원료에 박혀 있었으며, 1마르크는 노동하는 동안에 탄 석탄에 박혀 있거나 노동할 때 사용해 그 성능이 이 액수의 가치만큼 깎인 기계와 공구에 박혀 있었다. 원료의 가치에 첨가된 6마르크가 남는다. 그런데 이 6마르크는, 우리 경제학자들 자신들의 가정에 따르면, 우리 노동자가 원료에 첨가한 노동에서 생길 수 있을 뿐이다. 이에 따르면 그 노동자의 12시간 노동이 6마르크의 새로운 가치를 창조해 낸 것이다. 따라서 그 노동자의 12시간 노동의 가치는 6마르크와 같을 것이다. 그리고 이로써 우리는 마침내 "노동의 가치"가 무엇인지를 발견해 냈다 할 것이다.

"잠깐!" 우리 기계공이 외친다. "6마르크라고? 그런데 나는 3마르크를 받았을 뿐이다! 나의 자본가는 나의 12시간 노동의 가치가 3마르크일 뿐이라고 굳게 맹세하고 있으며, 내가 6마르크를 청구하면 나를 비웃는다. 어찌된 일이란 말인가?"

우리가 전에는 우리의 노동의 가치를 들고서 출구 없는 원에 빠져들었다면, 이제는 풀어 낼 수 없는 모순에 비로소 제대로 올라탄 것이다. 우리는 노동의 가치를 찾으려 했고, 우리는 우리에게 필요한 것보다 많이 알아냈다. 12시간 노동의 가치가 노동자에게는 3마르크고 자본가에게는 6마르크여서, 자본가는 거기서 3마르크를 노동자에게 임금으로 지급하고 3마르크는 호주머니에 넣는다. 따라서 노동에는 하나의 가치가 아니라 두 개의 가치, 게다가 매우 다른 가치가 있는 셈이다!

화폐로 표현된 가치를 노동시간으로 환원하자마자, 모순은 훨씬 부조리해진다. 12시간 노동에서 6마르크의 새 가치가 창조된다. 따라서 6시간 노동에서는 3마르크가 창조되는 셈이다. — 이는 노동자가 12시간 노동의 대가로 얻는 액수다. 12시간 노동의 대가로 노동자는 동등한 보상이라며 6시간 노동의 생산물을 얻는 것이다. 그렇다고 한다면, 노동에는 두 개의 가치가 있고 그 가운데 하나는 다른 것의 두 배이거나 아니면 12가 6과 같거나다! 두 경우 모두에서 순전히 부조리한 것이 나온다.

아무리 교묘하게 피하려 한다 해도, 노동의 구매와 판매에 대해 말하고 노동의 가치에 대해 말하는 한, 우리는 이러한 모순에서 나올 수 없을 것이다. 그리고 경제학자들에게도 사정은 마찬가지였다. 고전파경제학 최후의 갈래였던 리카도 학파는 풀 수 없는 이러한 모순에 부딪혀 대부분 망했다. 고전파경제학은 막다른 골목에 갇혀 꼼짝하지 못했다. 이 막다른 골목에서 벗어날 길을 찾은 사람은 칼 맑스였다.

경제학자들이 "노동"의 생산비라고 여겨 왔던 것은 노동의 생산비가 아니라 살아 있는 노동자 자신의 생산비였다. 그리고 이 노동자가 자본가에게 판매한 것은 자신의 노동이 아니었다. 맑스는 이렇게 말했다 "그의 노동이 실제로 시작되자마자 그 노동은 그의 것이기를 멈추며, 따라서 더 이상 그가 판매할 수 없는 것이 된다."[6] 따라서 노동자는 기껏해야 자신의 **장래의** 노동을 판매할 수 있을 것이며, 다시 말하면 특정한 시간에 특정한 작업 성과를 수행할 의무를 떠맡는 것이다. 그러나 그럼으로써 그가 (어쨌든 노동이 먼저 이루어져야 한다 해도) 노동을 판매하는 것은 아니며, 그는 특정한 시간 동안(일당의 경우)이나 특정한 작업 성과를 낼 목적으로 하여(개수임금의 경우) 특정한 지급금을 받고 자신의 노동력을 자본가 처분에 맡기는 것이다. 노동자는 자신의 **노동력**을 임대하거나 판매한다. 그런데 이 노동력은 노동자라는 인물로 덮여 있으며 그로부터 떨어질 수 없다. 따라서 노동력의 생산비는 노동자의 생산비와 맞아떨어진다. 경제학자들이 노동의 생산비라고 불렀던 것은 바로 노동자의 생산비, 따라서 노동력의 생산비다. 그리하여 또한 우리는 노동력의 생산비에서 노동력의 **가치**로 되돌아갈 수 있을 것이며, 특정한 질의 노동력을 제조하는 데 사회적으로 꼭 필요한 노동의 양을 결정할 수 있으니, 이는 맑스가 노동력의 구매와 판매에 관한 단락(『자본』 제1권 제4장 제3절)에서 그랬던 것과 같은 것이다.

그러면 노동자가 자본가에게 노동력을 판매한 뒤에, 다시 말해 미리 정한 임금 — 일당이든 개수임금이든 — 의 대가로 노동력을 처분에 맡긴 뒤에 일어나는 일은 무엇인가? 자본가는 노동자를 자기 작업장이나 공장 안으로 데려가는데, 이미 거기에는 노동에 꼭 필요한 모든 대상, 원료, 보조재(석탄, 물감 등등), 공구, 기계 따위가 있다. 여기서 노동자는 힘들게 고생하기 시작한다. 노동자의 일당을 앞에서처럼 3마르크라 하겠는데, 일당으로 벌든 개수임금으로 벌든 차이는 대수롭지 않다. 여기서도, 노동자는 이용된 원료에다 12시간에 자신의 노동을 통해 6마르크의 새 가치를 첨가하고 이 새 가치를 자본가는 완성된 반제품을 판매하면서 실현한다고 가정하자. 자본가는 그 가운데 노동자에게 3마르크를 지불하지만 다른 3마르크는 자기가 간직한다. 그런데 노동자가 12시간에 6마르크의 가치를 창조한다면 6시간에는 3마르크의 가치를 창조할 것이다. 따라서 노동자가 자본가를 위해 6시간 노동한 뒤에는, 노동자는 임금으로 받는 3마르크의 등가물을 자본가에게 이미 다시 갚는 셈이다. 6시간 노동 뒤에는 양자의 결산이 끝나서 누구도 다른 사람에게 빚이 한 푼도 없어진다.

"잠깐!" 이제 자본가가 외친다. "나는 노동자를 하루 내내, 즉 12시간 임차했다. 그런데 6시간은 하루의 절반일 뿐이다. 그러니 나머지 6시간도 다 지날 때까지 경쾌하게 계속 힘들게 고생해야 한다. 그때야 비로소 우리는 결산이 끝난다!" 그리고 노동자는 실제로 자신의 "자유의지로" 체결한 계약을 따라야 하며, 그 계약에 따르면 노동자에게는 6노동시간이 드는 노동의 생산물을 대가로 받고 12시간 내내 노동할 의무가 있다.

개수임금 경우에도 마찬가지다. 우리의 노동자가 12시간에 상품 12개를 만든다고 가정하자. 상품마다 원료와 마모로 2마르크가 들며 2와 1/2마르크에 판매된다. 그렇다고 한다면 그 밖의 전제가 이전과 같을 때 자본가는 노동자에게 개당 25페니히를 줄 것이어서, 12개면 3마르크가 되며, 이를 벌기 위해 노동자는 12시간을 사용한다. 자본가는 12개로 30마르크를 얻는데, 여기서 원료와 마모를 위한 24마르크를 빼면 6마르크가 남으며, 자본가는 거기서 임금 3마르크를 지급하고 3마르크를 챙긴다. 위와 완전히 같다. 여기서도 노동자는 6시간(12시간의 매시간 1/2시간씩)은 자신을 위하여, 즉 자기 임금을 보상하기 위하여 노동하고, 6시간은 자본가를 위해 노동한다.

최고의 경제학자라 해도 "노동"의 가치에서 시작하는 한 부딪혀 좌초해야 했던 곤란함은 우리가 "노동"의 가치 대신에 "노동**력**"의 가치에서 시작하자마자 사라진다. 노동력은 우리의 오늘날 자본주의사회에서 다른 모든 상품과 같은 하나의 상품이긴 하지만 완전히 특수한 상품이다. 말하자면 노동력에는 특수한 속성이 있어서, 가치를 창조하는 힘이 되고, 가치의 원천이 되며, 게다가 적절히 다루면 그 자체가 소유하고 있는 것보다 많은 가치의 원천이 된다. 오늘날의 생산 상태에서 인간 노동력이 하루 만에 생산하는 것은 자체가 가지고 있고 자체에 드는 가치보다 그저 더 큰 가치인 것에 그치지 않는다. 새로운 학문적 발견이 있을 때마다, 새로운 기술상의 발명이 있을 때마다, 노동자의 하루 생산물 가운데 노동자에게 드는 하루 비용을 넘어서는 이러한 초과분은 상승하고, 따라서 노동자가 자기 일당의 보상물을 만들어내는 노동일 부분은 단축되며, 따라서 다른 한편으로는 노동자가 자본가에게 지불받지 못한 채 자기 노동을 선사해야 하는 노동일 부분은 연장된다.

그런데 이런 것이 우리의 오늘날 사회 전체의 경제체제다. 모든 가치를 생산하는 것은 노동계급뿐이다. 왜냐하면 가치란 노동의 다른 표현, 즉 우리의 오늘날 자본주의사회에서 특정한 상품에 박혀 있는 사회적으로 필요한 노동의 양을 가리키는 표현일 뿐이기 때문이다. 그러나 노동자가 생산한 이 가치는 노동자 것이 아니다. 그 가치는 원료, 기계, 공구, 선지급 자금 따위의 소유권자의 것이며, 그 자금이 노동자계급의 노동력을 선금으로 구매할 수 있게 해 준다. 따라서 노동자계급은 자신이 산출하는 생산량 전체 가운데서 자신을 위해서는 일부만 돌려받는다. 그리고 위에서 보았듯이, 자본가계급이 자신을 위해 간직하고 기껏해야 토지소유자 계급과 나누어야 할 다른 부분은 새로운 발명과 발견이 있을 때마다 커지는 한편, 노동자계급에게 떨어지는 부분은 (머릿수로 산정했을 때) 매우 서서히 그리고 무의미할 정도로만 상승하거나 전혀 상승하지 않으며, 상황에 따라서는 하락할 수 있기까지 하다.

그러나 부단히 더 급속하게 서로 밀어내는 이러한 발명 및 발견과 이제까지 들어 보지 못한 정도로 나날이 상승하는 인간 노동의 이러한 풍요로운 성과는 끝내, 오늘날의 자본주의경제가 망할 수밖에 없게 되는 갈등을 창조한다. 한편을 보면, 헤아릴 수 없는 부가 있으며, 인수할 사람이 어찌할 수 없을 정도로 생산물이 남아돈다. 다른 편을 보면, 사회의 엄청난 수의 대중이 프롤레타리아트화되고, 임금노동자로 바뀌고, 바로 그 남아도는 생산물을 그럼으로써 획득할 수 없게 된다. 사회가 소수의 지나치게 부유한 계급과 다수의 무소유 임금노동자계급으로 분열되면서, 사회는 그 자체에 남아도는 것에 숨이 막히게 되는 반면에 그 구성원 대다수는 극도의 궁핍으로부터 거의 또는 단 한 번도 보호되지 않게 되는 결과를 낳는다. 이와 같은 상황은 날이 갈수록 더욱 부조리한 것이 되고 있으며 더욱 불필요한 것이 되고 있다. 그런 상황은 없어**져야 하며** 없어질 **수 있다**. 새로운 사회질서가 있을 수 있다. 그 사회질서에서는 오늘날의 계급 구별은 사라질 것이고, ― 아마도 생활은 다소 빠듯하겠지만 아무튼 도덕적으로는 매우 유용한 짧은 이행기를 거친 이후에 ― 모든 구성원이 동등한 노동의무를 지고 이미 존재하는 엄청난 생산력을 계획적으로 철저하게 이용하고 더욱 발전시킴으로써, 생활을 위한 수단, 생활을 즐기기 위한 수단, 모든 육체적 및 정신적 능력을 양성하고 실행하게 하기 위한 수단 따위도 고르게 또한 부단히 더 많이 마음대로 할 수 있게 될 것이다. 그리고 노동자들이 이러한 새로운 사회질서를 쟁취하기로 점점 더 단호하게 결심하고 있음은 내일로 다가온 5월 1일과 일요일인 5월 3일이 대양의 양쪽에서 증언할 것이다.[7]

런던, 1891년 4월 30일　　프리드리히 엥겔스

I

지금 벌어지고 있는 계급투쟁과 민족 사이 투쟁의 물질적 기반을 이루는 **경제 관계**를 서술하지 않았다며, 다양한 방면에서 사람들이 우리를 질책했다. 경제 관계가 정치적 분쟁에 직접 파고드는 곳에서만 우리가 그런 관계를 다룬 것은 계획적이었다.

무엇보다도 중요했던 것은 그날그날 일어난 일 속에서 계급투쟁을 뒤쫓아 관찰하는 것이었고, 기존의 역사적 재료와 날마다 새로 창조되는 역사적 재료를 근거로 다음과 같은 점들을 경험적으로 입증하는 것이었다. 2월과 3월이 만들어 낸 노동자계급이 굴복함과 동시에 그들의 적 — 프랑스의 부르주아 공화주의자들, 그리고 모든 유럽 대륙에서 봉건적 절대주의와 싸우던 시민계급과 농민 계급 — 도 정복됐다는 점,[8] 프랑스에서 "예의 바른 공화국"이 승리한 것은 영웅적 독립전으로 2월 혁명에 응답했던 민족들이 몰락한 것이기도 하다는 점,[9] 끝으로 혁명적 노동자가 정복되면서 유럽은 낡은 이중의 노예 상태로, 곧 **영국적이면서 러시아적인** 노예 상태로 되돌아갔다는 점을 입증하는 것 말이다. 빠리에서의 6월 투쟁, 빈의 함락,[10] 1848년 11월 베를린의 비희극悲喜劇,[11] 폴란드 · 이딸리아 · 헝가리의 필사적 분투, 아일랜드의 굶주림. 이런 것들이 유럽에서 벌어진 부르주아지와 노동자계급 사이의 계급투쟁을 개괄하는 주요한 계기였으며, 우리는 이를 근거로 다음과 같은 점들을, 즉 그 어떤 혁명적 반란도, 심지어 비록 계급투쟁과는 아주 동떨어진 것을 목표로 삼고 있는 것으로 보이는 반란이라 해도, 혁명적 노동자계급이 승리하기 전이라면 좌초하지 않을 수 없다는 점과 그 어떤 사회개혁도 프롤레타리아혁명과 봉건적 반혁명이 무기를 들고 일종의 **세계 전쟁**에서 우열을 가리기 전이라면 유토피아에 머문다는 점을 입증했다. 실제로도 그렇지만 우리의 서술에서 **벨기에**와 **스위스**는 역사 도감 속에 나오는 비희극적인 풍자적 풍속화였는데, 한 견본 국가는 부르주아 군주국이고 다른 견본 국가는 부르주아 공화국인 이 두 국가는 아주 똑같이 자신이 계급투쟁과 유럽 혁명으로부터 독립적인 듯이 착각하고 있다.

1848년의 계급투쟁이 거대한 정치적 형태로 펼쳐진 것을 우리 독자들이 본 다음인 지금이야말로, 부르주아지의 생존 및 계급 지배는 물론이고 노동자의 노예 상태도 그와 아주 똑같이 근거하고 있는 경제 관계 자체를 상세히 다룰 때다.

우리는 크게 셋으로 나눠 서술할 것이다. 1. **자본에 대한 임금노동의** 관계, 노동자의 노예 상태, 자본가의 지배, 2. **지금의 제도에서는 불가피한 중간시민계급과 이른바 평민층의 파산**, 3. 세계시장의 폭군 — **영국** — 으로 인한 **다양한 유럽 민족 부르주아계급의 상업상 굴복과 착취**.

우리는 될 수 있는 한 단순하고 평이하게 서술하려 하며, 정치경제학에서 가장 기본적이라 할 개념조차 전제하지 않으려 할 것이다. 우리는 노동자가 이해할 수 있기를 바란다. 게다가 독일에서는 가장 단순한 경제 관계에 관해서도 기묘하기 그지없는 무지와 개념 혼란이 지배하고 있으니, 특허를 받고 현존 상황을 옹호하는 자들로부터 **사회주의적 기적을 설파하는 자들**과 **진가를 인정받지 못하는 정치 천재들**에 이르기까지 그러하며, 산산

조각 난 독일이 풍요롭다면 나라님 때문에 그런 것보다는 이런 점 때문일 것이다.

따라서 우선 첫 질문으로 가 보자.

임금이란 무엇인가?
임금은 어떻게 결정되는가?

노동자에게 "당신의 임금은 얼마나 되나요?"라고 질문하면, 어떤 사람은 "나는 내 부르주아에게서 노동일의 대가로 1마르크를 받습니다"라고 대답할 것이고, 다른 사람은 "나는 2마르크를 받습니다"라고 대답할 것이고, 기타 등등일 것이다. 자기가 속한 노동 부문이 다양하기에, 특정한 노동을 수행한 대가로, 예를 들면 리넨 1엘레를 직조하거나 전지全紙 한 장을 조판한 대가로, 그때그때 바뀌는 부르주아에게서 받는 다양한 금액을 부를 것이다. 그들이 부른 금액이 아무리 다양하다 해도, 그것들 모두 다음과 같은 한 가지 점에서는 일치한다. 임금이란 자본가가 특정한 노동시간이나 특정한 노동 제공에 대한 대가로 지급하는 화폐 합계다.

따라서 자본가가 화폐를 주고 노동자의 노동을 **구매**하는 것처럼 보인다. 노동자는 화폐를 받고 자본가에게 자신의 노동을 **판매**하는 것처럼 보인다. 그러나 그건 허상일 뿐이다. 노동자가 화폐를 받고 자본가에게 판매하는 것은 실제로는 자신의 노동**력**이다. 자본가는 이 노동력을 하루, 한 주, 한 달 등등 동안 구매한다. 그리고 자본가는 노동력을 구매한 뒤, 노동자를 약정한 시간 동안 노동하게 하여 그 노동력을 써 버린다. 자본가는 노동자의 노동력을 구매하며 준 것과 같은 액수로, 예를 들면 2마르크로, 설탕 2파운드나 이러저러한 다른 상품 특정한 분량을 구매할 수도 있었을 것이다. 자본가가 설탕 2파운드를 구매하며 주는 2마르크는 설탕 2파운드의 **가격**이다. 자본가가 노동력의 12시간 사용을 구매하며 주는 2마르크는 12시간 노동의 가격이다. 따라서 노동력은 설탕보다 더하지도 덜하지도 않은 상품이다. 노동력은 시계로 측정하고 설탕은 저울로 측정한다.

노동자는 자신의 상품, 즉 노동력을 자본가의 상품인 화폐와 교환하며, 게다가 이 교환은 특정한 비율로 일어난다. 이러저러한 액수의 화폐는 이러저러한 시간 동안의 노동력 사용의 대가다. 12시간 직조의 대가는 2마르크다. 그런데 2마르크로 말하자면, 내가 2마르크를 주고 구매할 수 있는 다른 모든 상품을 보여주는 것 아닌가? 따라서 실제로 노동자는 자신의 상품, 즉 노동력을 온갖 종류의 상품과 교환해 온 것이며, 게다가 특정한 비율로 교환해 온 것이다. 자본가는 노동자에게 2마르크를 주면서, 노동자의 주어진 노동일과의 교환으로 고기 그만큼, 옷 그만큼, 땔감, 빛, 그 밖의 것 그만큼을 줘 온 것이다. 따라서 2마르크가 표현하는 것은 노동력이 다른 상품과 교환되는 비율, 즉 노동자의 노동력의 **교환가치**다. **화폐**로 평가한 상품의 교환가치를 바로 그 상품의 **가격**이라고 한다. 따라서 **임금**이란 사람들이 보통은 노동의 가격이라 부르는 **노동력의 가격**의 특별한 명칭일 뿐이며, 인간의 살과 피 말고는 간직할 곳이 없는 이 특이한 상품의 가격의 특별한 명칭일 뿐이다.

임의의 노동자, 예를 들어 직공을 보기로 하자. 자본가는 직공에게 직조기와 실을 제공한다. 직공은 노동에 착수하고, 실은 리넨이 된다. 자본가는 리넨을 가져가 예를 들면 20마르크에 판매한다. 그러면 직공 임금은 리넨에 대한, 20마르크에 대한, 자기 노동의 생산물에 대한 **몫**일까? 전혀 아니다. 리넨이 판매되기 훨씬 전에, 아마도 리넨이 다 직조되기도 전에, 직공은 임금을 받아 두었다. 따라서 자본가는 이 임금을 리넨을 팔아서 얻게 되는 화폐로 지급하는 것이 아니라 준비해 둔 화폐로 지급하는 것이다. 부르주아가 직공에게 제공하는 직조기와 실이 직공의 생산물이 아닌 것과 마찬가지로, 직공이 자신의 상품인 노동력과의 교환으로 얻는 상품도 직공의 생산물이 아니다. 부르주아는 리넨 구매자를 전혀 찾지 못할 수도 있다. 부르주아 자신은 리넨 판매로 임금을 회수하지 못할 수도 있다. 부르주아는 직조 임금을 감안할 때 매우 득이 되게 리넨을 판매할 수도 있다. 이 모든 것은 직공에게는 상관이 없는 일이다. 자본가는 자신에게 있던 재산의 일부, 즉 자신의 자본의 일부를 주고 직공의 노동력을 구매하는데, 이는 자신의 재산의 다른 일부를 주고 원료 - 실 - 와 노동 도구 - 직조기 - 를 사들였던 것과 완전히 같은 것이다. 자본가가 이렇게 구입한 뒤에는, 그리고 이렇게 구입한 것 가운데는 리넨 생산에 필요한 노동력이 포함되어 있으므로, 자본가는 **자기 것인 원료와 노동 도구**만으로 생산하는 셈이다. 우리의 착실한 직공도 이제 노동 도구에 속하게 되며, 직조기가 그렇듯 직공에게는 생산물이나 생산물 가격에서 자기 몫이 없다.

따라서 임금은 노동자가 생산하는 상품에 대한 노동자의 몫이 아니다. 임금은 자본가가 자체적으로 특정량의 생산적 노동력을 구매하며 주는

이미 존재하는 상품의 일부다.

따라서 노동력이란 그 소유자인 임금노동자가 자본에게 판매하는 상품이다. 무엇 때문에 노동자는 노동력을 판매하는가? 생활하기 위해서다.

그런데 노동력의 실행, 즉 노동은 노동자 자신의 것인 **생활 활동**, 즉 노동자 자신의 것인 생활 발현이다. 그런데 노동자는 필요한 **생활수단**을 확보하기 위해 이 생활 기능을 제삼자에게 판매한다. 따라서 노동자에게 생활 활동이란 생존할 수 있기 위한 수단일 뿐이다. 노동자는 생활하기 위해 노동한다. 노동자는 노동이라는 것을 아예 자신의 생활에 넣어 계산하지 않으며, 노동은 오히려 그의 생활의 희생이다. 노동은 제삼자에게 낙찰되도록 노동자가 넘긴 상품이다. 따라서 노동자의 활동의 생산물 또한 노동자의 활동의 목적이 아니다. 노동자가 자기 자신을 위해 생산하는 것은 그가 짜는 비단이 아니며, 그가 갱도에서 꺼내오는 금이 아니며, 그가 짓는 궁전이 아니다. 노동자가 자기 자신을 위해 생산하는 것은 **임금**이며, 비단, 금, 궁전 따위는 그에게는 특정한 양의 생활수단으로, 아마도 솜저고리, 동전, 지하실 따위로 변해 버릴 것이다. 그런데 12시간 동안 천을 짜거나, 실을 뽑거나, 구멍을 뚫거나, 녹로를 돌리거나, 건물을 짓거나, 삽으로 무언가를 뜨거나, 돌을 쪼개거나, 물건을 나르는 등등의 일을 하는 노동자에게 이 12시간의 직조, 방적, 천공, 도예, 건축, 삽질, 석조 따위가 자신의 생활의 발현으로서, 생활로서 중요하겠는가? 그와 반대다. 그 노동자에게 생활이라는 것은 그런 활동이 멈추는 곳에서, 즉 식탁에서, 술집 좌석에서, 잠자리에서 시작된다. 그와 반대로 12시간 노동은 그 노동자에게 직조, 방적, 천공 등등으로 의미가 있는 것이 전혀 아니고, 그 노동자를 식탁, 술집 좌석, 잠자리 따위로 데려가는 **벌이**로서 의미가 있는 것이다. 만약 누에가 애벌레로서 근근이 생존을 이어가기 위해 실을 뽑는다면, 그 누에는 완벽한 임금노동자일 것이다. 노동력이 언제나 **상품**이었던 것은 아니다. 노동이 언제나 임금노동, 다시 말해 **자유로운 노동**이었던 것은 아니다. **노예**는 노예소유자에게 자신의 노동력을 판매한 것이 아니었는데, 이는 황소가 자신의 성과를 농민에게 판매하는 것이 아닌 것과 마찬가지다. 노예는 자신의 노동력과 함께 한 번으로 영원히 자신의 소유권자에게 판매된다. 노예는 어떤 소유권자의 손에서 다른 소유권자의 손으로 넘어갈 수 있는 상품이다. 노예 **자신**은 상품이지만, 노동력은 **그의** 상품이 아니다. **농노**는 자기 노동력의 일부만 판매한다. 농노가 토지소유권자에게서 임금을 얻는 것이 아니라, 오히려 토지소유권자가 농노에게서 공물을 얻는다.

농노는 토지의 것이며, 토지 주인에게 열매를 가져다준다. 그와 반대로 **자유로운 노동자**는 자기 자신을 판매하며, 게다가 토막을 내 판매한다. 자유로운 노동자는 날이면 날마다 자기 생활의 8시간, 10시간, 12시간, 15시간을 경매에 붙여, 최고가를 부른 사람에게, 원료, 노동 도구, 생활수단의 소유자에게, 즉 자본가에게 넘긴다. 노동자는 어떤 소유권자의 것도 아니고 토지의 것도 아니지만, 그의 하루 생활의 8시간, 10시간, 12시간, 15시간은 그 시간을 구매한 사람 것이다. 원할 때마다 노동자는 자신을 임차한 자본가를 떠나고, 자본가는 노동자에게서 전혀 이익을 얻지 못하게 되거나 의도했던 것 이상 이익을 얻지 못하게 되자마자, 적절하다고 볼 때마다 노동자를 떠나게 한다. 그러나 유일한 소득 원천이 노동력 판매인 노동자는 생존을 포기하지 않고서는 **구매자 계급 전체**를, 다시 말해 자본가계급을 떠날 수 없다. **노동자는 이러저러한 자본가 것은 아니지만 자본가계급 것이다.** 그리고 게다가 자신을 강매하는 것, 다시 말해 이 자본가계급에서 구매자를 찾는 것이 노동자가 할 일이다.

이제 자본과 임금노동의 관계를 더 상세히 다루기에 앞서, 임금을 결정할 때 고려하게 되는 가장 일반적인 관계를 짧게 서술하기로 하겠다.

우리가 본 바와 같이, **임금**은 특정한 상품, 즉 노동력의 가격이다. 따라서 임금도 다른 모든 상품의 가격을 결정하는 법칙과 동일한 법칙에 의해 결정된다.

따라서 질문해야 하는 것은 이렇다. 상품 가격은 어떻게 결정되는가?

Ⅱ

상품 가격은 무엇에 의해 결정되는가?

구매자들과 판매자들 사이의 경쟁에 의해, 공급에 대한 수요의 관계에 의해, 매물에 대한 열망의 관계에 의해. 상품 가격을 결정하게 되는 경쟁에는 **세 측면**이 있다.

동일한 상품을 다양한 판매자가 내놓는다. 동일한 품질의 상품을 가장 싸게 판매하는 사람이 그 밖의 판매자들을 전장에서 격퇴하여 가장 많은 매상을 확보할 것은 확실하다. 따라서 판매자들은 매상을 놓고, 시장을 놓고 서로 다툰다. 판매자 누구라도 판매하기를 바라고, 될 수 있는 한 많이 판매하기를 바라고, 가능하기만 하다면 그 밖의 판매자들을 배제하고 홀로 판매하기를 바란다. 그래서 어떤 판매자는 다른 판매자보다 싸게 판매한다. 그리하여 **판매자들 사이에 경쟁**이 벌어져, 그 경쟁은 자신들이 내놓는 **상품**의 가격을 **떨어뜨린다**.

그런데 **구매자들 사이에도 경쟁**이 벌어져, 이제 그 경쟁은 내놓은 상품의 가격을 **상승하게 만든다**.

끝으로 **구매자들과 판매자들 사이에 경쟁이 벌어진다**. 한쪽은 될 수 있는 한 싸게 구매하기를 바라고, 다른 한쪽은 될 수 있는 한 비싸게 판매하기를 바란다. 구매자들과 판매자들 사이의 이러한 경쟁의 결말은 앞서 제시한 경쟁하는 양측이 어떤 관계에 있는지, 즉 경쟁이 구매자 군대에서 더 심한지 아니면 판매자 군대에서 더 심한지에 좌우된다. 산업은 이 두 군대 무리가 서로 맞서 싸우도록 전장으로 이끌며, 각각의 무리는 자기 자신의 진영에서, 자기 자신 부대 사이에서 다시 전투를 벌인다. 드잡이가 더 미미하게 벌어진 군대 무리가 상대방을 누르고 승리를 가져간다.

시장에 솜 100꾸러미가 있고 그와 동시에 솜 1,000꾸러미를 원하는 구매자들이 있다고 가정하자. 따라서 이런 경우에는 수요가 공급의 열 배다. 따라서 구매자들 사이의 경쟁이 매우 심해질 것이며, 구매자 누구나 솜 꾸러미를, 가능하다면 100꾸러미 모두를 차지하기를 바란다. 이 예는 멋대로 설정한 것이 아니다. 우리는 무역의 역사에서 솜 흉작의 시기를 겪은 바 있으며, 그때에는 함께 동맹을 맺은 몇몇 자본가가 100꾸러미가 아니라 지구에 있는 솜 재고 전체를 구매하려 했다. 따라서 앞서 제시된 경우라면, 어떤 구매자는 솜 꾸러미에 대해 비교적 높은 가격을 내놓으며 다른 구매자를 전장에서 격퇴하려 할 것이다. 적군의 부대가 자기들끼리 격렬하기 그지없는 투쟁을 벌이고 있음을 알고 있고 자기네 100꾸러미 전부의 판매를 완전히 확보해 둔 솜 판매자들은 자신의 적들이 자기들끼리 겨뤄 솜 가격을 높이 올리고 있는 순간에 자기들끼리 머리채를 붙들고 싸워 솜 가격을 떨어뜨리게 되지 않도록 조심할 것이다. 그리하여 판매자 군대에 갑작스레 평화가 찾아든다. 판매자 군대는 마치 한 사람인 양 구매자들과 맞서고, 사색에 빠져 팔짱을 끼고 있고, 구매욕을 더할 나위 없이 집요하게 내보이는 것이 한계에 다다르지 않는 한 판매자 군대의 요구는 한계에 다다르지 않을 것이다.

따라서 어떤 상품의 공급이 그 상품에 대한 수요보다 적다면, 판매자들 사이에서 경쟁은 아주 미미하게만 벌어지거나 전혀 벌어지지 않는다. 판매자들 사이에 경쟁이 줄어드는 것과 같은 비율로 구매자들 사이에는 경쟁이 늘어난다. 그 결말이란 많든 적든 상품 가격이 현저히 상승하는 것이다.

잘 알려져 있듯이, 반대의 결말을 낳는 그와 반대인 경우가 벌어지는 일이 더 잦다. 수요를 현저히 넘어서는 공급 초과분으로 인해 판매자들 사이에 필사적 경쟁이 벌어지고, 구매자가 부족하여 상품은 터무니없이 헐값에 처분된다.

그런데 가격의 상승과 하락이란 무엇을 말하며, 높은 가격과 낮은 가격이란 무엇을 말하는가? 모래알도 현미경으로 관찰하면 높고, 탑도 산과 비교하면 낮다. 그리고 가격이 수요와 공급의 관계에 의해 결정된다면, 수요와 공급의 관계는 무엇에 의해 결정되는가?

아무 시민에게나 도움을 청해 보자. 그 시민은 잠시도 깊이 생각하지 않고는, 마치 또 다른 알렉산드로스 대왕인 양 구구표로 이 형이상학적인 매듭을 끊어 낼 것이다.[12] 그리고 이렇게 말할 것이다. '내가 판매하게 될 상품을 제조하는 데 100마르크가 들었고 당연하게도 1년이라는 기한이 지난 뒤에 내가 이 상품을 판매해서 110마르크를 얻는다면, 이는 시민 기준에 합당하고, 예의 바르고, 사리에 맞는 이득이다. 그런데 내가 교환에서 120마르크나 130마르크를 받는다면 이는 높은 이득일 것이며, 심지어 200마르크를 얻는다면 이는 이례적이며 대단한 이득일 것이다.' 그러면 이 시민에게는 무엇이 이득의 **척도**로 쓰이고 있는 것인가? 자기 상품의 **생산비**다. 그가 이 상품과의 교환으로 돌려받는 다른 상품 모두를 합한 것을 제조하는 데 든 비용이 자기 상품의 생산비보다 적다면, 그는 손해를 본 것이다. 그가 이 상품과의 교환으로 돌려받는 다른 상품 모두를 합한 것을 제조하는 데 든 비용이 자기 상품의 생산비보다 많다면, 그는 이득을 본 것이다. 그리고 그는 자기 상품의 교환가치가 영零 – **생산비** – 보다 어느 정도나 아래에 있고 위에 있는가를 보고 이득의 감소나 증가를 산정한다.

지금 우리는 수요와 공급의 관계가 변하면서 어떻게 때로는 가격 상승을 낳고 때로는 가격 하락을 낳으며 때로는 높은 가격을 낳고 때로는 낮은 가격을 낳는지를 보았다. 어떤 상품의 공급이 부족하거나 그 상품의 수요가 지나치게 증가하여 그 상품의 가격이 현저히 상승한다면, 이러저러한 다른 상품의 가격은 필연적으로 그에 비례하여 하락한다. 어떤 상품의 가격이란 그 상품과의 교환에서 주게 되는 제삼의 상품의 비율을 화폐로 표현하고 있을 뿐이기 때문이다. 예를 들어 명주 1엘레의 가격이 5마르크에서 6마르크로 상승한다면, 은 가격은 명주와의 관계에서 하락하며, 옛 가격에 머물러 있는 다른 모든 상품의 가격도 그와 아주 똑같이 명주와의 관계에서 하락한다. 이전과 동일한 양의 견직물을 받으려면, 이전보다 많은 양의 상품을 주어야 한다. 어떤 상품의 가격이 상승한 결과는 무엇이 될 것인가? 번창하고 있는 그 산업부문으로 다량의 자본이 달려들 것이며, 선호하는 산업 영역으로 이처럼 자본이 유입되는 일은 그 산업이 보통의 이득만 가져다주게 되거나 아니면 오히려 과잉생산으로 인해 그 산업의 생산물의 가격이 생산비 아래로 떨어질 때까지 그치지 않을 것이다.

그와는 반대의 경우도 있다. 어떤 상품의 가격이 그 생산비 아래로 하락하면, 자본은 이 상품의 생산에서 철수할 것이다. 어떤 산업부문이 더 이상 시대에 맞지 않게 되어 파산하지 않을 수 없는 경우를 제외한다면, 자본의 이러한 도피로 인해 그러한 상품의 생산, 즉 그 상품의 공급은 줄어들 것인데, 수요에 조응하게 되어 그 가격이 다시 그 생산비 수준으로 높아지거나 아니면 오히려 공급이 수요 아래로 내려갈 때까지는, 즉 그 가격이

다시 생산비 위로 상승할 때까지는 그럴 것이다. **이는 어떤 상품의 시가時價가 언제나 그 생산비보다 위에 있거나 아래에 있기 때문이다.**

우리는 자본이 어떻게 어떤 산업 영역에서 다른 산업 영역으로 끊임없이 유출되고 유입되는지를 보고 있다. 높은 가격은 많은 유입을 낳고, 낮은 가격은 많은 유출을 낳는다.

우리는 어떻게 공급뿐 아니라 수요도 생산비에 의해 결정되는지를 다른 관점에서 보여 줄 수도 있을 것이다. 그러나 그렇게 되면 우리가 다루어야 할 문제에서 너무 멀어질 것이다.

조금 전에 우리는 어떻게 공급과 수요의 변동이 언제나 상품가격을 되돌려 놓는지를 보았다. **사실 상품의 실제 가격은 부단히 생산비보다 높거나 낮긴 하다. 그러나 그러한 상승과 하락은 서로 보완하므로,** 특정한 기간 안에서 산업의 썰물과 밀물을 합산하면 상품들은 그 생산비에 조응하여 서로 교환될 것이며, 따라서 그 가격은 생산비에 의해 결정될 것이다.

가격 결정이 이처럼 생산비에 의해 이루어진다는 이야기를 경제학자들이 말하는 의미로 이해하면 안 된다. 경제학자들은 상품의 **평균가격**이 생산비와 같다고 말하며, 그것이 **법칙**이라고 말한다. 그들은 하락에 의해 상승이 조정되고 상승에 의해 하락이 조정되는 무정부적 운동을 우연으로 본다. 이와 마찬가지로 정당하게, 변동이 일어나는 것을 법칙으로 보고 가격 결정이 생산비에 의해 이루어지는 것을 우연으로 볼 수도 있는데, 이는 다른 경제학자들에게 일어나는 일이기도 하다. 그러나 그러한 변동, 즉 상세히 관찰하면 무시무시하기 짝이 없는 황폐화를 수반하고 또한 흡사 지진처럼 부르주아사회의 기반을 흔드는 이러한 변동만이 그 진행 과정에서 생산비에 의해 가격을 결정한다. 이러한 무질서의 전체적 운동이 부르주아사회의 질서다. 이러한 산업상의 무정부 상태의 진행 과정에서, 이러한 원운동 안에서, 경쟁이 말하자면 어떤 과도함을 다른 과도함으로 조정하는 것이다.

따라서 우리는 다음과 같은 점을, 즉 어떤 상품의 가격은 그 생산비에 의해 결정되지만, 그 상품의 가격이 생산비 위로 상승하는 시기는 그 상품의 가격이 생산비 아래로 떨어지는 시기에 의해 조정되고 그 반대의 경우에는 그 반대인 방식으로 조정된다는 점을 보고 있다. 물론 이 이야기는 하나하나의 주어진 산업 생산물에는 유효하지 않고 산업부문 전체에만 유효하다. 따라서 또한 산업가 하나하나에게는 유효하지 않고 산업가 계급 전체에만 유효하다.

가격 결정이 생산비에 의해 이루어진다는 이야기는 가격 결정이 그 상품의 제조에 꼭 필요한 노동시간에 의해 이루어진다는 이야기와 같다. 왜냐하면 생산비는 다음과 같은 두 가지로, 즉 1. 원료와 도구 마모, 즉 제조하는 데 일정한 양의 노동이 들었고 따라서 일정한 양의 노동시간인 산업 생산물과 2. 그 척도가 바로 시간인 직접노동으로 이루어져 있기 때문이다.

그런데 상품 가격 일반을 규정하는 바로 그 일반적 법칙은 당연히 **임금**, 즉 **노동의 가격**도 규정한다.

임금은 수요와 공급의 관계에 따라, 즉 노동력 구매자인 자본가와 노동력 판매자인 노동자 사이의 경쟁이 어떻게 되느냐에 따라 때로는 상승하고 때로는 하락할 것이다. 임금의 변동은 상품 가격 일반의 변동에 조응한다. **그러나 이러한 변동의 내부에서, 노동의 가격은 그 생산비에 의해, 즉 이 상품, 노동력을 만들어 내는 데 꼭 필요한 노동시간에 의해 결정될 것이다.**

그런데 노동력의 생산비란 무엇인가?

노동력의 생산비는 노동자를 노동자로 유지하고 노동자를 노동자로 양성하는 데 필요한 비용이다.

그러므로 어떤 노동에 꼭 필요한 교육 시간이 적을수록, 노동자의 생산비는 미미하고, 그 노동자의 노동의 가격, 즉 임금은 낮다. 견습 기간이 거의 필요하지도 않고 그저 노동자가 육신을 갖추고 생존해 있는 것으로도 충분한 산업부문에서는, 노동자를 제조하는 데 꼭 필요한 생산비라는 것이 노동자가 노동할 수 있는 상태를 유지하도록 살려 두는 데 꼭 필요한 상품들로만 거의 국한된다. 따라서 **그런 노동자의 노동의 가격**은 **필요한 생활수단의 가격**에 의해 결정될 것이다.

하지만 참작해야 하는 것이 그 밖에 하나 더 있다. 생산비를 산정하고 그에 따라 생산물 가격을 산정하는 공장주는 노동 도구의 마멸을 넣어서 견적을 낸다. 공장주가 어떤 기계에 예를 들어 1,000마르크를 들였고 그 기계가 10년에 걸쳐 마멸된다면, 그 공장주는 10년 뒤에 이 마멸된 기계를 새로운 기계로 대체할 수 있기 위해 해마다 상품 가격에 100마르크를 넣을 것이다. 이와 똑같이, 단순노동력의 생산비를 계산할 때에는 노동자 종족을 증식할 수 있게 만들고 마멸된 노동자를 새 노동자로 대체할 수 있게 만드는 번식 비용을 넣어야 할 것이다. 따라서 노동자의 마모는 기계의 마모와 똑같이 계산에 포함된다.

따라서 단순노동력의 생산비는 **노동자의 생존비와 번식 비용**에 달하는 액수다. 이러한 생존비와 번식 비용의 가격이 임금을 이룬다. 그렇게 결정된 임금을 **임금 최솟값**이라 한다. 이러한 임금 최솟값은, 상품 가격이 일반적으로 생산비에 의해 결정될 때 그렇듯이, **개인 하나하나**에게 유효한 것이 아니라 **유**類에게 유효한 것이다. 노동자 하나하나, 수백만 노동자는 생존하고 번식할 수 있기에 충분하게 받지 못한다. **그러나 노동자계급 전체의 임금**은 자체의 변동 내부에서 이러한 최솟값으로 조정된다.

이제 임금과 다른 모든 상품의 가격을 규정하는 가장 일반적인 법칙에 대해 합의를 본 다음이니, 우리 주제를 더 낱낱이 다룰 수 있을 것이다.

Ⅲ

자본은 온갖 종류의 원료, 노동 도구, 생활수단으로 구성되어 있으며, 그것들은 새로운 원료, 새로운 노동 도구, 새로운 생활수단을 산출하는 데 쓰인다. 자본의 이러한 모든 구성 요소는 노동의 피조물이며, 노동의 생산물이며, **누적된 노동**이다. 새로운 생산에 수단으로 쓰이는 누적된 노동이 자본이다.

경제학자들은 이렇게 말한다.

흑인 노예란 무엇인가? 흑인종 인간이다. 이런 설명으로는 그게 그거다.

흑인은 흑인이다. 특정한 관계에서 비로소 흑인은 노예가 된다. 면방적기는 면을 방적하기 위한 기계다. 특정한 관계에서만 면방적기는 **자본**이 된다. 그러한 관계에서 벗어나면 면방적기는 자본이 아니며, 이는 금이 그 자체로 **화폐**가 아니고 설탕이 설탕 가격이 아닌 것과 마찬가지다.

생산하면서 인간은 자연에만 작용하는 것이 아니라 서로에게도 작용한다. 인간은 특정한 방식으로 함께 작용하며 활동을 서로 교환하면서만 생산한다. 인간은 생산하기 위하여 서로 특정한 연관과 관계를 맺으며, 이러한 사회적 연관과 관계 내부에서만 자연에 대한 작용이 일어나고 생산이 일어난다.

생산자들이 서로 맺는 이러한 사회관계와 생산자들이 활동을 교환하고 생산의 전체 행위에 참여하는 조건은 생산수단의 성격에 따라 당연히 다양하다. 새로운 전쟁 도구인 화기의 발명과 함께, 필연적으로 군대의 내부 조직 전체가 달라졌으며, 개인들이 군대를 형성해 군대로서 작용할 수 있는 관계가 바뀌었고, 다양한 군대 서로의 관계도 달라졌다.

따라서 개인들이 생산하며 맺는 사회관계, 즉 **사회적 생산관계는 물질적 생산수단, 생산력이 변화하고 발전함에 따라 달라지고 바뀐다. 총체성에서 본 생산관계가 사람들이 사회관계라고 부르고 사회라고 부르는 것, 게다가 특정한 역사적 발전 단계에 있는 사회**, 성격이 특이하여 서로 구별되는 사회를 **형성한다. 고대**사회, **봉건**사회, **부르주아**사회 따위가 그러한 생산관계의 총체성이며, 이것들 각각은 일제히 인류 역사의 특수한 발전 단계를 가리킨다.

자본 또한 사회적 생산관계다. **자본은 부르주아의 생산관계**, 부르주아사회의 생산관계다. 자본을 구성하는 생활수단, 노동 도구,

원료, 이런 것들은 주어진 사회적 조건 아래서, 특정한 사회관계에서 만들어지고 누적되지 않는가? 그런 것들은 주어진 사회적 조건 아래서, 특정한 사회관계에서 새로운 생산에 쓰이지 않는가? 그리고 바로 이러한 특정한 사회적 성격이 새로운 생산에 쓰이는 생산물을 **자본으로** 만들지 않는가?

자본은 생활수단, 노동 도구, 원료로만 구성되지 않으며, 물질적 생산물로만 구성되지 않는다. 자본은 그런 것들로 구성되는 것과 아주 똑같이 **교환가치**로도 구성된다. 자본을 구성하는 모든 생산물은 **상품**이다. 따라서 자본은 물질적 생산물의 합계에 그치는 것이 아니라, 상품의 합계, 교환가치의 합계, **사회적 크기**의 합계다.

양털 자리에 솜을 놓든, 다른 곡물 자리에 쌀을 놓든, 철도 자리에 증기선을 놓든, 솜, 쌀, 증기선 따위 – 자본의 육신 – 에 이전에 자본이 체화되어 있던 양털, 다른 곡물, 철도 따위와 동일한 교환가치, 동일한 가격이 있다는 점만 전제한다면, 자본은 변함없다. 자본이 미미하기 그지없는 변화도 겪지 않는다 해도 자본의 육체는 끊임없이 바뀔 수 있다.

그러나 그 어떤 자본도 상품의, 다시 말해 교환가치의 합계라 해서 상품의, 교환가치의 그 어떤 합계도 모두 자본인 것은 아니다.

교환가치의 그 어떤 합계도 하나의 교환가치다. 그 어떤 교환가치 하나하나도 교환가치의 하나의 합계다. 예를 들면, 1,000마르크 가치가 있는 집 한 채는 1,000마르크라는 하나의 교환가치다. 1페니히 가치가 있는 종이 한 장은 1/100페니히가

100개인 교환가치의 합계다. 다른 생산물과 교환되는 생산물이 **상품**이다. 생산물이 교환될 수 있는 특정한 비율이 그 생산물의 **교환가치**를, 또는 화폐로 표현하자면 **가격**을 형성한다. 이 생산물의 수량이 어떠하든, 그 생산물이 **상품**이라든지 **교환가치**라든지 특정한 **가격**을 지닌다든지 하는 숙명이 바뀔 수는 없다. 나무가 크든 작든 나무인 것은 변함없다. 쇠를 다른 생산물과 교환할 때 로트 단위로 교환하든 쩬트너 단위로 교환하든, 쇠가 상품이고 교환가치라는 성격이 변화한단 말인가? 쇠는 수량에 따라, 가치가 큰 상품일 수도 있고 적은 상품일 수도 있으며, 가격이 높은 상품일 수도 있고 낮은 상품일 수도 있다.

그러면 어떻게 상품의, 교환가치의 하나의 합계가 자본이 되는가?

직접적이고 살아 있는 노동력과의 교환을 통해 자신을 자립적인 사회적 **권력**으로, 다시 말해 **사회 일부**의 권력으로 유지하고 증식시킴으로써 자본이 된다. 노동할 능력 말고는 아무것도 소유하지 못한 계급의 생존이 자본에게 필요한 전제 조건이다.

직접적이고 살아 있는 노동에 대한 누적된, 과거의, 대상화된 노동의 지배가 누적된 노동을 비로소 자본으로 만든다.

자본은 누적된 노동이 살아 있는 노동에게 새로운 생산을 위한 수단으로 쓰인다는 점에 그 본질이 있는 것이 아니다. 자본은 살아 있는 노동이 누적된 노동에게 그 누적된 노동의 교환가치를 유지하고 증식하는 수단으로 쓰인다는 점에 그 본질이 있다.

자본가와 임금노동자 사이의 교환에서는 어떤 일이 일어나는가? 노동자는 교환에서 자신의 노동력을 주고 생활수단을 얻지만, 자본가는 교환에서 자신의 생활수단을 주고 노동, 노동자의 생산적 활동, 창의적 힘을 얻는데, 이를 통해 노동자는 자신이 써서 없애는 것을 보상할 뿐만 아니라, **누적된 노동이 이전에 가지고 있던 가치보다 더 큰 가치를 누적된 노동에게 준다**. 노동자는 이미 존재하는 생활수단의 일부를 자본가에게 받는다. 이 생활수단은 노동자에게 무엇을 위해 쓰이는가? 직접적인 소비를 위해 쓰인다. 그러나 내가 생활수단을 소비하자마자 그것은 나에게서 없어져 회복할 수 없게 되는데, 그 생활수단이 나에게 생활을 유지하게 해 주는 동안의 시간을 내가 새로운 생활수단을 생산하기 위해 활용하지 않는다면 그렇게 될 것이고, 그렇게 써서 없애는 동안의 시간을 소비되어 없어져 버린 가치를 대신하여 내 노동으로 새로운 가치를 창조하는 데 활용하지 않으면 그렇게 될 것이다. 그런데 이처럼 재생산하는 고귀한 힘을 노동자는 생활수단을 받고 이루어지는 교환에서 자본에게 양도한다. 따라서 노동자는 그 힘을 자기 자신을 위해 상실한 것이다.

예를 하나 들기로 하자. 임차농은 자기가 고용한 날품팔이꾼에게 하루에 5은그로쉔을 준다. 5은그로쉔을 위해 날품팔이꾼은 임차농의 밭에서 온종일 노동하고, 그리하여 임차농에게 10은그로쉔이라는 수입을 확보해 준다. 임차농은 자신이 날품팔이꾼에게 양도한 것을 보상하는 가치를 얻을 뿐만이 아니다. 임차농은 그 가치를 갑절로 만든다. 따라서 임차농은 날품팔이꾼에게 준 5은그로쉔을 효과적이고 생산적인 방식으로 사용하고 소비한 것이다. 임차농은 5은그로쉔을 주고 바로 날품팔이꾼의 노동과 힘을 구매한 것인데, 그 노동과 힘은 가치가 자신의 갑절이 되는 토지 생산물을 산출하여 5은그로쉔으로 10은그로쉔을 만든다. 그와는 반대로 날품팔이꾼은 자신이 그 효능을 바로 임차농에게 양도해 버린 자신의 생산력 대신에 5은그로쉔을 얻어, 그것을 생활수단과 교환하고, 속도의 차이는 있겠지만 그 생활수단을 소비한다. 따라서 5은그로쉔은 이중의 방식으로 소비되는 셈이다. 자본에게는 **재생산적**으로 소비되는데, 왜냐하면 그 5은그로쉔이 노동력과 교환되어 그 노동력이 10은그로쉔을 낳기 때문이다. 노동자에게는 **비생산적으로** 소비되는데, 왜냐하면 생활수단과 교환되어 영영 사라지기 때문이고 임차농과 동일한 교환을 반복해야만 노동자가 그 가치를 다시 받을 수 있기 때문이다. **따라서 자본은 임금노동을 전제하고 임금노동은 자본을 전제한다. 자본과 임금노동은 서로를 조건으로 삼는다. 자본과 임금노동은 서로를 만들어 낸다.**

면방적 공장의 노동자, 그 노동자가 생산하는 것은 무명실일 뿐일까? 아니다. 그 노동자는 자본을 생산한다. 자신의 노동을 쥐락펴락하는 데 쓰이고 그 노동을 매개로 새로운 가치를 창조하는 데 쓰이는 가치를 생산한다.

자본은 노동력과 교환되어야만, 임금노동에 생명력을 불어넣어야만 증식될 수 있다. 임금노동자의 노동력은 자본을 증식시켜야만, 자신을 여종으로 부리는 그 권력을 자신이 강화해야만 자본과 교환될 수 있다. **따라서 자본의 증식은 프롤레타리아트의 증식, 다시 말해 노동자계급의 증식이다.**

그러므로 자본가의 이해득실과 노동자의 이해득실은 동일한 셈이라고, 부르주아와 그들의 경제학자들은 주장한다. 그리고 실제로 그렇다! 노동자는 자본이 고용하지 않으면 망한다. 자본은 노동력을 착취하지 않으면 망하고, 노동력을 착취하려면 노동력을 구매해야 한다. 생산하기로 정해져 있는 자본, 즉 생산자본이 급속히 증식할수록, 따라서 산업이 번창할수록, 부르주아지가 부유해질수록, 사업이 잘될수록, 자본가에게는 노동자가 더 필요하고 노동자는 자신을 더 비싸게 판매한다.

따라서 노동자가 그나마 괜찮은 처지에 놓이는 데 없어서는 안 될 조건이란 **생산자본이 될 수 있는 한 급속히 증가하는 것**이다.

그런데 생산자본의 성장이란 무엇인가? 누적된 노동이 살아 있는 노동에게 행사하는 권력의 성장이다. 노동계급에 대한 부르주아지 지배의 성장이다. 임금노동이 자신 위에 군림하고 있는 타인의 부, 자신에게 적대적인 권력, 즉 자본을 생산하면, 그 임금노동이 자신을 새로이 자본의 일부로 만든다는 조건 아래서, 곧 자신을 새로이 자본을 가속화되는 증대 운동 안으로 내던지는 지렛대로 만든다는 조건 아래서, 임금노동에게는 고용될 수 있는 수단, 곧 생활수단이 되흘러든다.

자본의 이해득실과 노동자의 이해득실이 동일하다는 것은 자본과 임금노동이 하나이자 동일한 관계의 두 측면임을 이를 뿐이다. 하나가 다른 것을 조건으로 삼는데, 이는 마치 고리대금업자와 낭비자가 서로를 조건으로 삼는 것과 같다.

임금노동자가 임금노동자인 한, 그의 운수는 자본에 좌우된다. 이것이 그토록 칭찬을 받는, 노동자의 이해득실과 자본가의 이해득실의 공통성이라는 것이다.

IV

자본이 증가하면, 임금노동의 수량이 증가하고 임금노동자의 수가 증가한다. 한마디로, 자본의 지배가 더 많은 개인에게로 확장된다. 그러면 가장 좋은 경우를 전제하기로 하자. 생산자본이 증가하면, 노동에 대한 수요가 증가한다. 따라서 노동의 가격, 즉 임금이 상승한다.

집은 클 수도 있고 작을 수도 있어서, 작은 집도 그 집을 에워싸고 있는 집들이 마찬가지로 작은 한에서는 숙소에 대한 모든 사회적 요구를 충족한다. 그러나 작은 집 옆에 궁전이 우뚝 솟는다면, 그 작은 집은 오두막으로 쭈그러들 것이다. 이제 그 작은 집은 그 집주인의 요구가 전혀 없거나 아주 미미할 뿐임을 증명한다. 그리고 그 집이 문명이 진행되는 과정에서 아무리 높이 솟는다 하더라도, 인접해 있는 궁전이 같은 정도로 솟거나 게다가 더 높게 솟는다면, 비교적 작은 집에 거주하는 사람은 말뚝 네 개로 둘러쳐진 집 안에서 자신이 언제나 더 쾌적하지 못하고 더 불만족하고 더 풀이 죽어 있음을 발견할 것이다.

눈에 뜨일 정도의 임금 상승은 생산자본의 급속한 증가를 전제한다. 생산자본의 급속한 증가는 부, 사치, 사회적 욕구, 사회적 향유 따위의 그와 아주 똑같이 급속한 성장을 불러일으킨다. 따라서 노동자가 향유하는 것이 증가한다 하더라도, 거기서 생기는 사회적 충족은 노동자로서는 접근할 수 없는 자본가가 향유하는 것이 늘어난 것과 비교하면 감소한 셈이며, 사회의 발전 상태 일반과 비교하면 감소한 셈이다. 우리의 욕구와 향유는 사회에서 기원한다. 따라서 우리는 욕구와 향유를 사회를 기준으로 측정한다. 우리는 욕구와 향유를 그 충족 대상을 기준으로 측정하지 않는다. 욕구와 향유는 본성상 사회적이며 본성상 상대적이다.

임금은 내가 그 임금을 주고 교환할 수 있는 상품의 수량에 의해서만 꼭 결정되지는 않는다. 임금에는 다양한 연관이 포함되어 있다.

노동자가 우선 자신의 노동력의 대가로 받는 것은 특정한 액수의 화폐다. 임금은 이 화폐가격에 의해 결정될 뿐일까?

16세기에, 매장량이 더 풍부하고 원광을 더 쉽게 가공할 수 있는 광산이 아메리카에서 발견됨으로써 유럽에 유통되는 금과 은이 늘어났다. 그리하여 금과 은의 가치는 그 밖의 상품과의 관계에서 하락했다. 노동자는 그 전이나 그 후나 노동력의 대가로 동일한 수량의 주조된 은을 얻었다. 노동자의 노동의 화폐가격은 변함없었는데도 노동자의 임금은 하락했는데, 노동자가 동일한 양의 은과 교환하여 돌려받는 다른 상품의 합계가 더 적어졌기 때문이다. 이것이 바로, 16세기에 자본의 성장과 부르주아지의 대두를 촉진한 상황의 하나였다.

다른 예를 들어 보자. 1847년 겨울에 흉작으로 인해, 가장 필수적인 생활수단인 곡물, 고기, 버터, 치즈 등등의 가격이 상승했다. 노동자가 노동력의 대가로 그 전이나 그 후나 동일한 액수의 화폐를 받는다고 해 보자. 노동자의 임금은 하락한 것이 아닌가? 물론 하락했다. 노동자는 교환에서 동일한 화폐의 대가로 빵, 고기 등등을 더 적게 얻었다. 노동자의 임금이 하락한 것은 은 가치가 줄었기 때문이 아니라 생활수단의 가치가 늘었기 때문이다.

마지막으로, 노동의 화폐가격은 변함없는 데 반해 새로운 기계를 사용했거나 때가 맞음으로 인해 모든 농산물과 공산물의 가격이 현저히 하락한다고 해 보자. 노동자는 이제 동일한 화폐를 주고 온갖 종류의 상품을 더 많이 구매할 수 있을 것이다. 따라서 노동자의 임금은 상승한 셈인데, 이는 바로 임금의 화폐가치가 변하지 않았기 때문이다.

따라서 노동의 화폐가격, 즉 명목임금은 실질임금, 다시 말해 임금과의 교환에서 실질적으로 주어지는 상품 합계와 맞아떨어지지 않는다. 따라서 임금의 상승이나 하락에 관해 말할 때에는 노동의 화폐가격, 즉 명목임금만 안중에 두어서는 안 된다.

그러나 명목임금, 즉 노동자가 자본가에게 자신을 판매하며 받는 화폐 합계도, 실질임금, 즉 노동자가 그 화폐를 주고 구매할 수 있는 상품의 합계도, 임금에 포함되어 있는 연관을 남김없이 설명해 주지는 못한다.

임금은 무엇보다도 자본가의 이득, 즉 이윤과의 관계에 의해 결정된다. 이를 관계에 따른 임금, 상대적 임금이라 한다.

실질임금은 노동의 가격을 그 밖의 상품들의 가격과의 관계에서 표현하며, 그와 반대로 상대적 임금은 직접노동이 새로이 산출하는 가치에 대한 직접노동의 몫을 그 새로이 산출한 가치 가운데 누적된 노동, 즉 자본에게 떨어지는 몫과의 관계에서 표현한다.

우리는 앞서 27~28쪽에서 이렇게 말했다. "임금은 노동자가 생산하는 상품에 대한 노동자의 몫이 아니다. 임금은 자본가가 자체적으로 특정량의 생산적 노동력을 구매하며 주는 이미 존재하는 상품의 일부다." 그런데 자본가는 노동자가 산출하는 생산물을 판매할 때의 가격에서 이 임금을 다시 보상해야 한다. 통상적으로 자본가는 자신이 깔아 놓은 생산비를 넘어서는 초과분, 즉 이윤 또한 그때 자신에게 남도록 임금을 보상해야 한다. 노동자가 산출하는 상품의 판매가는 자본가에게는 세 부분으로 나뉜다. **첫째**, 자신이 선지급한 원료를 보상하고 그와 함께 역시 자신이 선지급한 공구, 기계, 다른 노동수단 따위의 마모를 보상하는 부분. **둘째,** 자신이 선지급한 임금을 보상하는 부분. **셋째,** 이런 것들을 넘어서는 초과분, 즉 자본가의 이윤. 첫째 부분은 **이전에 존재하는 가치**를 보상할 뿐인 반면에, 임금을 보상하는 부분도 그것을 넘어서는 자본가의 이윤도 대체적으로 **노동자의 노동이 창조하여** 원료에 첨가한 **새 가치**에서 얻는 것임은 분명하다. 그리고 **이런 의미에서**, 임금과 이윤을 함께 비교하기 위해 임금도, 이윤도 생산물에 대한 몫으로 파악할 수 있을 것이다.

실질임금은 변함없을 수 있고 심지어 상승할 수도 있는데, 그렇다 해도 상대적 임금은 하락할 수 있다. 예를 들어 모든 생활수단의 가격은 2/3 내린 한편 일당은 1/3만 내려서, 따라서 예를 들면 3마르크에서 2마르크로 내렸다고 전제하자. 이 노동자가 이 2마르크로 가지게 되는 상품의 합계가 이전에 3마르크로 가지게 되었던 상품의 합계보다 크다고 할지라도, 그런데도 그의 임금은 자본가의 이득과의 관계에서 보면 줄었다. 자본가

(예를 들면 공장주)의 이윤은 1마르크 늘어났고, 다시 말해 노동자는 자본가가 자신에게 지급하는 더 미미해진 액수의 교환가치를 얻기 위해 이전보다 더 큰 액수의 교환가치를 생산해야 하는 것이다. 자본의 몫은 노동의 몫과의 관계에서 증가했다. 자본과 노동 사이에서의 사회적 부의 분배는 훨씬 불평등해졌다. 자본가는 동일한 자본으로 더 많은 양의 노동을 취락펴락한다. 자본가계급이 노동자계급에게 행사하는 권력은 증가했고, 노동자의 사회적 지위는 악화되어 자본가의 지위에 비해 한 단계 더 떨어졌다.

그러면 임금과 이윤의 하락과 상승을 서로 연관시키며 결정하는 일반적 법칙은 어떤 것인가?

임금과 이윤은 반비례한다. 자본의 몫, 즉 이윤은 노동의 몫, 즉 일당이 하락하는 것과 동일한 비율로 상승하고, 그 반대의 경우도 마찬가지다. 이윤은 임금이 하락하는 것에 따라 상승하고 임금이 상승하는 것에 따라 하락한다.

사람들은 아마도 다음과 같이 이의를 제기할 것이다. 자본가는 자신의 생산물을 다른 자본가와 유리하게 교환함으로써 이득을 볼 수 있고, 새로운 시장이 개척됨으로 인한 것이든 옛 시장에서 욕구가 순간적으로 늘어남으로 인한 것이든 자신의 상품에 대한 수요가 증가함으로써 이득을 볼 수 있고, 기타 등등의 이유로 이득을 볼 수 있다고. 따라서 자본가의 이윤은 임금, 즉 노동력의 교환가치가 상승하고 하락하는 것과는 관계없이 제삼의 자본가를 속임으로써 증식될 수 있다고. 또는 자본가의 이윤은 노동 도구의 개선, 자연력의 새로운 응용 등등을 통해서도 상승할 수 있다고.

우선, 그와 반대의 방법으로 야기된 것일지라도 결말은 변함이 없음을 인정해야 할 것이다. 임금이 하락하기 때문에 이윤이 상승하는 것이 아니라, 이윤이 상승하기 때문에 임금이 하락하는 것이다. 자본가는 노동에 더 많이 지불하지 않고도, 동일한 양의 타인의 노동으로 더 많은 양의 교환가치를 샀다. 다시 말해, 노동이 자본가에게 가져다주는 순수익과 비교해 볼 때 노동에는 더 적게 지불되는 셈이다.

게다가, 상품 가격이 변동한다 할지라도 그 어떤 상품의 평균가격도, 즉 그 어떤 상품이 다른 상품과 교환되는 비율도 그 상품의 **생산비**에 의해 결정된다는 사실을 상기하자. 따라서 자본가계급 내부에서 벌어지는 속임수는 필연적으로 조정된다. 기계장치를 개선하고 생산에 복무하는 자연력을 새로이 응용하면, 주어진 노동시간에 동일한 합계의 노동과 자본으로 더 많은 양의 생산물을 창조할 수 있게 되긴 하지만, 그렇다고 해서 더 많은 양의 교환가치를 창조할 수 있게 되는 것은 전혀 아니다. 내가 방적기를 사용함으로써 방적기 발명 이전에 비해 한 시간에 한 배 더 많은 실을 제공할 수 있다면, 예를 들면 50파운드가 아니라 100파운드를 제공할 수 있다면, 길게 보면 나는 교환에서 이전에 50파운드의 대가로 돌려받은 것보다 이 100파운드의 대가로 더 많은 상품을 돌려받는 것은 아닌데, 그 이유는 생산비가 절반으로 하락했기 때문이고 또는 동일한 비용으로 두 배의 생산물을 제공할 수 있게 됐기 때문이다.

끝으로, 한 나라에서든 세계시장 전체에서든 자본가계급, 부르주아지가 생산의 순수익을 자신들 사이에 분배하는 비율이 어떠하든, 그러한 순수익의 총액이란 언제나 누적된 노동 전체가 직접노동에 의해 증식된 액수일 뿐이다. 따라서 이 총액은 노동이 자본을 증식하는 것과 같은 비율로, 다시 말해 임금에 비해 이윤이 상승하는 것과 같은 비율로 증가한다.

우리는 **자본과 임금노동의 관계 안**에 머물러 있을 때조차도 **자본의 이해득실과 임금노동의 이해득실은 정면으로 맞선다**는 것을 보고 있다.

자본의 급속한 증대는 이윤의 급속한 증대와 같은 것이다. 이윤은 노동의 가격, 즉 상대적 임금이 그와 아주 똑같이 급속하게 줄 때만 급속하게 늘 수 있다. 상대적 임금은 실질임금이 명목임금, 즉 노동의 화폐가치와 함께 동시에 상승함에도 하락할 수 있지만, 이는 실질임금이 이윤과 동일한 비율로 상승하지 않을 때에만 그렇다. 예를 들어 호경기에 임금은 5퍼센트 상승하는 반면에 이윤은 30퍼센트 상승했다면, 관계에 따른 임금, 즉 상대적 임금은 **늘지 않고 준 것이다.**

따라서 자본이 급속하게 성장하면서 노동자의 수입이 늘면, 그와 동시에 노동자를 자본가와 갈라놓는 사회적 간격이 커지고, 그와 동시에 자본이 노동에게 행사하는 권력, 자본에 대한 노동의 예속이 커진다.

노동자가 자본의 급속한 성장에 관심을 갖는다는 말은 다음과 같은 것을 이를 뿐이다. 노동자가 타인의 부를 급속하게 늘릴수록 노동자에게 떨어지는 미끼는 더 기름지며, 더 많은 노동자가 고용되어 생명력을 불어넣을 수 있으며, 자본에 예속된 노예가 늘어날 수 있다.

따라서 우리는 다음과 같은 것을 본 셈이다.

노동자계급에게 **가장 좋은 상황**조차도, 즉 **될 수 있는 한 급속한 자본의 성장**조차도, 그로 인해 노동자의 물질생활이 아무리 개선된다 할지라도, 노동자계급의 이해득실과 부르주아의 이해득실, 즉 자본가의 이해득실 사이의 대립을 철폐하지는 않는다. **이윤과 임금**은 그 전이나 그 후나 **반비례**한다.

자본이 급속하게 증대하면 임금은 상승할 수도 있다. 자본의 이윤은 그에 비하면 지나치게 빨리 상승한다. 노동자의 물질적 처지는 개선됐지만, 이는 자신의 사회적 처지를 비용으로 삼아 그리된 것이다. 노동자를 자본가에게서 분리하는 사회적 간격은 확장됐다.

끝으로,

임금노동에게 가장 좋은 조건은 될 수 있는 한 급속한 생산자본의 증가라는 말은 다음과 같은 것을 이를 뿐이다. 노동자계급이 자신에게 적대적인 권력, 자신에게 명령을 내리는 타인의 부를 급속하게 증식하고 증대할수록, 노동자계급은 더 좋은 조건에서 새로이 부르주아의 부를 증식하고 자본 권력을 증대하는 데 종사할 수 있게 되며, 부르주아지가 자신들을 뒤에 묶어 질질 끌고 가는 금 사슬을 스스로 만들어 내는 데 만족하게 된다.

V

생산자본의 성장과 임금의 상승, 실제로 이 둘은 부르주아 경제학자들이 주장하듯 뗄 수 없이 연결되어 있는 것일까? 그들의 말을 믿어서는 안 된다. 자본이 뚱뚱할수록 그 노예는 더 살찔 것이라는 그들의 말도 믿어서는 안 된다. 부르주아지는 잘 계몽되고 계산에 밝아서, 자기 하인의 화려함을 뽐내던 봉건영주의 선입견을 공유하지 않는다. 부르주아지의 생존 조건은 부르주아지로 하여금 계산하지 않으면 안 되게 만든다.

따라서 우리는 더 상세히 연구해야 할 것이다.

생산자본의 증가는 임금에 어떻게 작용하는가?

부르주아사회의 생산자본이 대체로 증가하면, 일종의 **더욱 다면적인** 노동 누적이 일어난다. 자본은 수와 범위에서 커진다. 자본의 **증식**은 **자본가들 사이의 경쟁**을 증식한다. 자본의 **범위가 커지면서, 더 거대한 작전 도구를 지닌 더 강력한 노동자 군대를 산업상의 싸움터로 이끌** 수단이 제공된다.

자본가는 더 싸게 판매함으로써만, 다른 자본가를 전장에서 격퇴하고 그 자본가의 자본을 공략할 수 있다. 자신이 파멸하지 않고도 더 싸게 판매할 수 있으려면, 더 싸게 생산해야 하며, 다시 말해 노동생산력이 있을 수 있는 대로 상승해야 한다. 그러나 노동생산력은 무엇보다도 **확대된 분업**을 통해, 기계장치의 더 전면적인 도입과 끊임없는 개선을 통해 상승한다. 노동이 분할되는 노동자 군대가 클수록, 기계장치가 도입되는 규모가 거대할수록, 그에 비례하여 생산비가 줄고 노동은 효과적이게 된다.

따라서 분업과 기계장치를 늘리고 그것들을 될 수 있는 한 대규모로 착취하기 위한 전면적 겨루기가 자본가들 사이에 일어난다.

그런데 어떤 자본가가 확대된 분업을 통해, 새로운 기계의 사용과 개선을 통해, 자연력을 더 유리하고 더 대량으로 착취함을 통해, 동일한 양의 노동 또는 누적된 노동으로 경쟁자들보다 더 많은 양의 생산물, 상품을 창조할 수 있는 수단을 발견했다면, 예를 들면 경쟁자들이 리넨 1/2엘레를 짜는 것과 동일한 노동시간에 리넨 1엘레를 생산할 수 있다면, 이 자본가는 어떻게 하겠는가?

리넨 1/2엘레를 이제까지의 시장가격에 계속 판매할 수도 있을 것이지만, 그런 것은 적을 전장에서 격퇴하고 자기 자신의 매상을 증대하는 수단은 아닐 것이다. 그런데 그의 생산이 확장된 것과 동일한 정도로 매상에 대한 그의 욕구도 확장됐다. 이 자본가가 생명력을 불어넣은 더 위력적이고 비용이 더 드는 생산수단은 그가 자신의 상품을 더 싸게 판매할 **수 있게 해 주긴** 하지만, 그와 동시에 그로 하여금 **더 많은 상품을 판매하지 않으면 안 되게**, 자신의 상품을 위한 훨씬 **더 큰** 시장을 공략하지 **않으면 안 되게 만든다**. 따라서 우리의 자본가는 리넨 1/2엘레를 경쟁자들보다 더 싸게 판매할 것이다.

그러나 이 자본가가 온전한 1엘레를 생산하는 데 드는 비용이 다른 사람들이 1/2엘레를 생산하는 데 드는 비용보다 많지 않다 하더라도, 이 자본가는 경쟁자들이 1/2엘레를 판매하는 만큼 싸게 온전한 1엘레를 판매하지는 않을 것이다. 그렇게 판매한다면 이 자본가는 가외로 이득을 보는 것이 아니라 교환에서 생산비만 돌려받을 것이다. 따라서 이때 그에게 생길 수 있는 더 큰 수입이라는 것은 그가 더 거액의 자본을 가동했다는 사실에서 기인하는 것이지, 그의 자본이 다른 자본보다 더 많이 가치를 증식했다는 사실에서 기인하는 것은 아닐 것이다. 게다가 그 자본가는 자기 상품의 가격을 경쟁자들보다 고작 몇 퍼센트만 낮게 매기면, 이루려는 목적을 이루게 된다. **싸게 팔면** 경쟁자들을 전장에서 격퇴하고 그들로부터 적어도 매상의 일부를 빼앗는다. 그리고 끝으로 다음과 같은 점을, 즉 상품의 판매가 산업상 좋은 때에 이루어지느냐 좋지 않은 때에 이루어지느냐에 따라 그 상품의 시가時價는 언제나 **그 생산비 이상이거나 이하**라는 점을 상기하자. 리넨 1엘레의 시장가격이 이제까지의 관례적인 생산비보다 높은지 낮은지에 따라, 새로운 효과적인 생산수단을 사용한 자본가가 실제 생산비보다 몇 퍼센트나 비싸게 판매하는지는 변할 것이다.

그렇다고 우리 자본가의 **특권**이 오래가는 것은 아니다. 겨루고 있는 다른 자본가들도 동일한 기계, 동일한 분업을 동일한 규모나 더 대규모로 도입하는데, 이렇게 기계와 분업을 도입하는 일은 일반적인 것이 되어 리넨 가격이 **옛 가격 이하로 인하될 때까지**만이 아니라 **새로운 생산비 이하로 인하될 때까지** 계속될 것이다.

따라서 자본가들은 자신들이 새로운 생산수단을 도입하기 이전에 처했던 것과 동일한 처지에 번갈아 있는 셈이며, 이러한 생산수단으로 동일한 가격에 생산물을 두 배 제공할 수 있게 된다면 **이제** 옛 가격 **이하로** 생산물을 두 배 제공하지 않을 수 없게 된다. 이러한 새로운 생산비 입장에서 보자면, 동일한 게임이 다시 시작되는 것이다. 분업이 더 많아지고, 기계장치가 더 많아지고, 분업과 기계장치가 착취되는 규모가 더 커진다. 그리고 경쟁은 이러한 결말에 다시 동일한 반작용을 가한다.

우리는 어떻게 생산방식에, 생산수단에 그토록 끊임없이 변혁이 일어나고 혁명이 일어나는지를, **어떻게 필연적으로 분업이 더 큰 분업을 가져오고 기계장치의 사용이 기계장치의 더 많은 사용을 가져오고 대규모 노동이 더 대규모의 노동을 초래하는지**를 보고 있다.

이것이 바로 부르주아적 생산을 부단히 다시 낡은 궤도에서 벗어나 갈피를 못 잡게 만드는 법칙, 노동생산력을 이미 팽팽하게 했기 **때문에** 자본으로 하여금 노동생산력을 더 팽팽하게 하지 않으면 안 되게 만드는 법칙이며, 자본에게 쉴 틈도 주지 않으며 '앞으로! 앞으로!'라고 끊임없이 속삭이는 법칙이다.

이것이야말로 상업상 시기의 변동 내부에서 상품 가격이 필연적으로 그 **생산비**로 조정되는 법칙과 다름없다.

자본가가 아무리 강력한 생산수단을 전장에 가져온다 할지라도 경쟁은 그런 생산수단을 일반화할 것이다. 경쟁이 그 생산수단을 일반화한 순간부터, 그 자본가의 자본이 더 높은 효율을 내게 된 것의 유일한 결과란 이제 **동일한 가격으로** 이전보다 10배, 20배, 100배 많이 생산물을 제공해야 한다는 것이다. 그러나 낮아진 판매가를 생산물 매상을 늘림으로써 상쇄하려면 아마도 1,000배는 더 매상을 올려야 하므로, 또한 이제는 더 많이 이득을 보기 위해서만이 아니라 생산비를 보상하기 위해서라도 –

우리가 본 바와 같이 생산도구 자체는 훨씬 비싸진다 – 더 대량으로 판매하는 것이 필요하기 때문에, 그러나 이러한 대량 판매는 그 자본가만이 아니라 적수들에게도 사활이 걸린 문제가 돼 버렸기 때문에, 낡은 투쟁이 시작되며 그 투쟁은 **이미 발명된 생산수단이 효과적일수록 격렬하다. 따라서 분업과 기계장치의 사용은 훨씬 큰 규모로 새로이 일어날 것이다.**

사용되는 생산수단의 권력이 어떠하든, 경쟁은 자본에게서 그 권력의 황금 열매를 강탈하려 한다. 이는 경쟁이 상품 가격을 생산비로 되돌림으로써 이루어지고, 따라서 더 싸게 생산되는 것과 동일한 정도로, 다시 말해 동일한 양의 노동으로 더 많이 생산할 수 있게 되는 것과 동일한 정도로, 더 싸게 생산한다는 것과 훨씬 다량의 생산물을 동일한 액수의 가격으로 제공한다는 것을 하나의 명령조의 법칙으로 만듦으로써 이루어진다. 그리하여 자본가가 자기 자신의 분투를 통해 얻는 것이라고는 동일한 노동시간에 생산물을 더 많이 제공해야 할 의무, 한마디로 **자기 자본이 가치 증식을 이루기에 더 어려운 조건들** 말고는 없다. 따라서 경쟁이 생산비 법칙으로 자본가를 끊임없이 압박하는 동안, 자본가가 자신의 라이벌을 겨누어 만들어 낸 모든 무기가 그 자신을 겨누는 무기로 돌아오는 동안, 자본가는 끊임없이 경쟁을 기만해 보려 하는데, 낡은 기계와 분업 자리에 새로운, 게다가 비용이 더 드는, 하지만 더 싸게 생산하는 기계와 분업을 어쩔 줄 몰라 하며 도입하고는 경쟁이 이 새로운 것들을 낡아빠진 것으로 만들 때까지 기다리지 않는 것이다.

이러한 열광적 선동이 세계시장 전체에서 일제히 벌어진다고 상상한다면, 어떻게 자본의 성장, 축적, 집중 따위가 끊임없는, 스스로 쇄도하는, 부단히 더 거대한 규모로 이루어지는 분업, 새로운 기계장치의 사용과 낡은 기계장치의 개량 따위를 결과로 낳는지가 이해된다.

그런데 생산자본의 성장과 뗄 수 없는 이러한 상황은 임금 결정에 어떻게 작용하는가?

확대된 **분업**은 노동자 **한 명**이 5명, 10명, 20명의 노동을 할 수 있게 해 준다. 따라서 확대된 분업은 노동자들 사이의 경쟁을 5배, 10배, 20배 늘린다. 어떤 노동자가 다른 노동자보다 자신을 더 싸게 판매하면서 경쟁을 자초할 뿐만이 아니다. **한 명**이 5명, 10명, 20명의 노동을 처리하면서 경쟁을 자초한다. 그리고 자본이 도입하여 부단히 증대되는 **분업**은 노동자가 이러한 종류의 경쟁을 자초하지 않으면 안 되게 만든다.

나아가서는, **분업**이 증대되는 것과 동일한 정도로 노동은 **단순화된다**. 노동자가 지닌 특수한 숙련은 무가치해진다. 노동자는 육체적 탄력도 정신적 탄력도 관여하게 할 필요가 없는 단순하고 단조로운 생산력으로 바뀐다. 그의 노동은 모두가 접근할 수 있는 노동이 된다. 따라서 경쟁자들이 사방에서 그에게 밀고 들어온다. 게다가 노동이 단순한 것일수록, 쉽게 배울 수 있는 것일수록, 습득하는 데 생산비가 덜 필요한 것일수록, 다른 모든 상품의 가격과 마찬가지로 임금도 생산비에 의해 결정되므로 임금은 그만큼 더 내려간다는 점을 상기하자.

따라서 노동이 불만족스럽고 넌더리 나는 것이 되는 것과 동일한 정도로, 경쟁은 늘어나고 임금은 줄어든다. 노동자는 더 많은 시간을 노동하든 동일한 시간에 더 많은 노동을 제공하든, 더 많이 노동함으로써 자기 임금의 크기를 고수하려 한다. 따라서 노동자는 곤궁에 몰려, 분업이 지닌 재앙과 같은 효과마저 증식한다. 그 결말은 이렇다. **노동자는 더 많이 노동할수록 임금을 더 적게 얻는다.** 게다가 이는 다음과 같은 단순한 이유에서 그렇다. 그 노동자는 그와 동일한 정도로 동료 노동자와 경쟁하며, 따라서 그 노동자는 자신의 동료 노동자를 경쟁자로 만들어 자기 자신과 마찬가지로 동료 노동자 역시 자신을 똑같이 열악한 조건에 내놓게 하기 때문이며, 따라서 그 노동자는 종국에는 **자기 자신과, 즉 노동자계급의 구성원으로서의 자기 자신과 경쟁하는 것이기 때문이다.**

기계장치는 다음과 같은 방식으로 동일한 효과를 훨씬 대규모로 낳는다. 기계장치는 미숙련노동자로 숙련노동자를 밀어내고 여성으로 남성을 밀어내고 아이로 어른을 밀어낸다. 기계장치가 새로이 도입되는 곳에서는 수작업 노동자가 대량으로 길거리로 내쫓긴다. 효과적 기계에 의해 대체되어 기계장치가 더 완성되고 개선되는 곳에서는 그보다 적은 무리이긴 하지만 노동자가 해고된다. 우리는 위에서 자본가들 자신들끼리의 산업상의 전쟁을 빠른 필치로 묘사했다. **이 전쟁이 지닌 특이점은 그 전쟁에서의 전투는 노동자 군대를 사용하기보다는 해고함으로써 승리를 거둔다는 점이다. 최고 지휘관인 자본가들은 누가 가장 많이 산업 병사를 떠나게 할 수 있는지를 놓고 자기들끼리 겨룬다.**

물론 경제학자들은 기계로 인해 남아돌게 된 노동자가 **새로운** 고용 부문을 찾는다고 우리에게 설명한다.

경제학자들은 떠나게 된 바로 그 노동자가 새로운 노동 부문에 취직한다고 감히 직접적으로 주장하지는 않는다. 사실들은 너무도 우렁차게 이러한 거짓말을 반박한다. 경제학자들이 실제로 주장하는 것이란 **노동자계급의 다른 구성 요소**에게, 예를 들면 파산한 산업부문에 발을 들여놓으려 이미 준비한 젊은 노동자 세대의 일부에게 새로운 취업 수단이 열린다는 것뿐이다. 물론 이는 전사한 노동자에 대한 크나큰 보상이다. 자본가 나리들에게는 착취할 만한 신선한 살과 피가 모자라지 않게 될 것이며, 사람들은 주검들로 하여금 자신들의 주검을 묻도록 할 것이다. 이것이야말로 부르주아가 노동자에게 주는 위안이라기보다는 자기 자신에게 주는 위안이다. 임금노동자계급 전체가 기계장치에 의해 절멸된다면, 이는 자본에게, 임금노동 없이는 자본이기를 멈추는 그 자본에게 얼마나 섬뜩한 일이겠는가!

그런데 기계장치가 직접 일자리에서 밀어낸 사람들과 이런 자리를 노리고 있던 새로운 세대 전체가 새로운 일을 찾는다고 치자. 없어져 버린 일에서 받던 것만큼 받는다고 믿어야 하는가? **이는 경제학의 모든 법칙과 모순일 것이다**. 우리는 어떻게 필연적으로 현대 산업에는 복합적인 고등의 일을 단순한 하급의 일로 부단히 바꿔치기 하는 사태가 따르는지를 보았다.

그렇다고 한다면 기계장치에 의해 하나의 산업부문에서 내동댕이쳐진 노동자 대중이 **더 낮게, 더 열악하게 임금을 받지 않는다면** 어떻게 다른 산업부문에서 도피처를 찾을 수 있는 것일까?

사람들은 예외라며, 기계장치 자체를 제작하며 노동하는 노동자를 언급해 왔다. 산업에서 더 많은 기계장치가 필요해지고 더 많은 기계장치를 써 버리자마자 기계는 필연적으로 늘어날 수밖에 없을 것이라 하고, 따라서 기계 제작도 늘어날 수밖에 없을 것이라 하고, 따라서 기계 제작에 취업하는 노동자도 늘어날 수밖에 없을 것이라 하고, 이 산업부문에서 쓰는 노동자는 숙련노동자일 것이고 게다가 배운 노동자일 것이라 한다.

이미 그 이전에도 절반만 참이었던 이러한 주장은 1840년 이래로 모든 허상을 상실했다. 훨씬 다면적인 기계가 무명실을 제조할 때에 비해 더 하지도 덜 하지도 않을 정도로 기계를 제조하는 데 사용되었고, 기계를 제조하는 데 고용된 노동자는 극히 정교한 기계에 비하면 극히 투박한 기계의 역할을 맡을 수 있을 뿐이었다.

그러나 공장은 기계로 인해 파면된 남성들 대신에 아마도 아이 **셋**과 여성 **하나**를 고용할 것이다! 그런데 남성의 임금이란 아이 셋과 여성 하나까지 생활하기에 충분해야 했지 않은가? 임금 최솟값이란 종족을 유지하고 증식하기에 충분해야 했지 않은가? 그러면 이 인기 있는 부르주아의 상투어는 무엇을 증명하는가? 이제는 노동자 가족 **하나**의 생활비를 얻기 위해 노동자의 생활을 이전에 비해 네 배 써 버리게 된다는 것 말고는 아무것도 증명하고 있지 않다.

요약해 보자. **생산자본이 증가할수록, 분업과 기계장치 사용이 확장된다. 분업과 기계장치 사용이 확장될수록, 노동자들 사이의 경쟁이 확장되고 노동자들의 임금이 오므라든다.**

게다가 노동자계급은 **사회**의 더 높은 **층**에서도 모집된다. 소규모 산업가와 소규모 금리생활자 대중이 노동자계급으로 추락한다. 그들에게는 노동자와 나란히 팔을 치켜드는 일 말고는 급하게 처리할 일이란 없다. 그리하여 높이 쭉 펴 일자리를 갈망하는 팔들이 이루는 숲은 점점 더 울창해지고 팔 자체는 점점 더 가냘파진다.

소규모 산업가가 투쟁을 배겨 내지 못한다는 것은 자명한데, 그 투쟁의 첫째 조건 가운데 하나는 부단히 더 큰 규모로 생산하는 것, 다시 말해 바로 대규모 산업가가 되어야지 소규모 산업가가 되어서는 안 된다는 것이다.

자본이 얻는 이자는 자본의 수량과 수가 느는 것과 동일한 정도로, 즉 자본이 증대하는 것과 동일한 정도로 준다는 것, 따라서 소규모 금리생활자는 더 이상 자신의 이자로 생활할 수 없어서 산업에 달려들어야 한다는 것, 따라서 이로 인해 소규모 산업가 진영을 늘리고 그럼으로써 프롤레타리아트 후보자를 늘리는 데 일조하게 된다는 것, 이 모든 것에는 정말이지 더 이상의 설명이 필요 없을 것이다.

끝으로 위에서 서술한 운동으로 인해 자본가들이 이미 존재하는 거대한 생산수단을 더 착취하고 또 이러한 목적을 위해 신용을 이용한 모든 용수철을 가동하지 않을 수 없게 됨에 따라, 산업상의 지진, 즉 부의 일부, 생산물의 일부, 심지어 생산력의 일부까지 저승의 신들에게 희생물로 봉헌해야만 상업 세계가 유지될 수 있게 되는 그러한 산업상의 지진도 그와 동일한 정도로 증대한다. 한마디로 공황이 증대한다. 공황은 더 잦아지고 더 격렬해지는데, 그 이유라고 한다면 그저 생산물의 양이 증가하고 따라서 확장된 시장을 바라는 욕구가 증가하는 것과 동일한 정도로 세계시장은 점점 더 오므라들고 착취할 수 있도록 남아 있는 새로운 시장은 점점 더 적어지기 때문일 뿐이며, 그렇게 세계시장이 오므라들고 새로운 시장이 적어지는 것은 앞서 공황이 일어날 때마다 그때까지 공략되지 않았거나 상업이 피상적으로만 착취했던 시장을 세계무역에 예속시켜 버렸기 때문이다. 그러나 자본은 노동으로 **살기**만 하지는 않는다. 고귀한 동시에 야만적인 주인 나리는 자기 노예들의 시체를, 즉 공황에서 파산한 노동자들의 헤카테 무덤 전체를 납골당으로 끌고 들어간다.[13] 따라서 우리가 보게 되는 것은 다음과 같다. **자본이 급속하게 증가하면, 노동자들 사이의 경쟁은 훨씬 급속하게 증가하고, 다시 말해 노동자계급을 위한 취업 수단과 생활수단은 그에 비해 더 감소하는데, 그렇다고 해도 자본의 급속한 증가가 임금노동에게는 가장 좋은 조건이다.**

가치, 가격, 이윤

[서두][14]

회원 여러분,

주제가 되는 사안으로 들어가기에 앞서, 서두의 말을 좀 할까 한다.

지금 대륙에는 파업이라는 진짜 유행병이 창궐하고 있으며, 임금 상승을 떠들썩하게 요구하는 아우성이 널리 퍼져 있다. 이 문제는 우리 대회[15]에서 다루게 될 것이다. 여러분은 국제노동자협회 수뇌부로서, 이 중차대한 문제에 대해 확신이 섰어야 마땅하다. 나로 말하자면, 따라서 여러분의 인내심을 혹독한 시험에 들게 하는 위험을 무릅쓰더라도 이 사안을 철저히 조사하는 것을 나의 의무라 여겼다.

또 다른 서두의 말이 있으니, 그것은 웨스턴 회원과 관련한 것이다. 웨스턴 회원은 자신이 알기로 노동자계급에게 가장 인기가 없는 의견을 노동자계급의 이해득실을 위해 여러분에게 제안했을 뿐만 아니라 공공연하게 옹호하기도 했다. 그처럼 도덕적 용기를 드러낸 것에 대해서는 우리 모두 높이 예우해야 마땅할 것이다. 내 글이 매끄럽게 다듬어진 스타일은 아닐지언정, 나는 웨스턴 회원이 자신의 논제의 바탕에 놓여 있는, 내가 보기에 정당한 이념에 내가 동의한다는 것을 결론부에 가서는 알게 되기를 희망하지만, 나는 현재 형태로 보자면 그의 논제가 이론적으로는 그릇되고 실천적으로는 위험하다고 여기지 않을 수 없다.

이제 우리 앞에 놓인 관심사로 곧장 넘어가기로 하겠다.

I. [생산품과 임금]

웨스턴 회원의 논지는 사실상 두 가지 전제에 의거하고 있었다.

첫째, **국민생산액**은 **고정된 것**, 수학자들이 말하곤 하는 식으로 하자면 **불변의** 양 또는 크기라는 것.

둘째, **실질임금액**, 바꾸어 말하자면 구매할 수 있는 상품의 양으로 측정한 임금의 액수는 **고정된** 액수, **불변의** 크기라는 것.

그런데 그의 첫 번째 주장은 분명히 잘못된 것이다. 해마다 여러분은 생산품의 가치와 수량이 증가한다는 점, 국민 노동의 생산력이 증가한다는 점, 이렇게 증가하는 생산품을 유통시키는 데 필요한 화폐량이 계속 변화한다는 점 등을 보게 될 것이다. 한 해의 마지막에 옳은 것, 다른 해끼리 서로 비교했을 때 옳은 것은 한 해의 그 어떤 평균적 하루에 대해서도 옳다. 국민생산품의 액수 또는 크기는 계속 변화한다. 그것은 **불변의** 크기가 아니라 **가변의** 크기이며, 인구 변화를 논외로 하더라도 **자본축적** 및 **노동생산력**의 계속되는 변화 때문에 그럴 수밖에 없다. 오늘 **일반적 임금률의 상승**이 일어난다 해도, 그것으로 인한 장래의 효과가 무엇이든, **그 자체로** 생산액이 **직접적으로** 변화하는 것은 아니라는 점은 완벽하게 옳다. 일반적 임금률의 상승은 일차적으로는 현존 상태에서 진행된다. 그러나 임금 상승 **이전**에 국민생산품이 **가변적인 것**이었지 **고정된 것**은 아니었다면, 그것은 임금 상승 **이후**에도 계속 가변적인 것이지 고정된 것은 아닐 것이다.

그러나 국민생산액이 **가변**이 아니라 **불변**이라고 가정하자. 그럴 때에도, 우리의 벗 웨스턴이 논리적 결론이라고 여기는 점은 여전히 까닭 없는 주장일 것이다. 어떤 주어진 숫자, 예컨대 8이 있다고 할 때, 이 숫자에 **절대적** 한계가 있다고 해서 그 한계가 그 숫자의 부분들이 그 **상대적** 한계를 변화시키는 것을 가로막는 것은 아니다. 이윤이 6이고 임금이 2라면, 임금이 6으로 증가하고 이윤이 2로 감소할 수도 있고, 그래도 총합계는 여전히 8이다. 생산액이 고정되어 있다는 것이 임금액이 고정되어 있다는 증거는 절대로 아닐 것이다. 그러면 우리의 벗 웨스턴은 임금액이 고정되어 있음을 어떻게 증명하는가? 그렇다고 주장함으로써 증명한다.

그러나 그에게 양보하여 그의 주장을 인정한다 하더라도, 그의 주장은 두 개의 길을 닦아야 하는데도 그는 한 방향으로만 역설한다. 임금액이 불변의 크기라면, 임금액은 증가될 수도 없고 축소될 수도 없다. 그렇다고 한다면 노동자가 일시적 임금 상승을 강요하는 것은 바보처럼 행동하는 것이 될 것이고 자본가가 일시적 임금 하락을 강요하는 것도 그에 못지않게 바보처럼 행동하는 것이 될 것이다. 우리의 벗 웨스턴도, 특정한 상황에서는 노동자들이 임금 상승을 강요할 **수도 있다**는 점을 부정하지는 않지만, 임금액은 본래 고정된 것이어서 반작용이 뒤따르지 않을 수 없다고 한다. 다른 한편, 우리의 벗 웨스턴은 자본가가 임금 하락을 강요할 **수도 있고** 또 사실 계속 강요하려 한다는 것도 알고 있다. 임금 불변의 원리에 따르면, 자본가가 이렇게 할 경우에도 앞에 쓴 것처럼 노동자가 시도할 경우에 못지않게 반작용이 뒤따라야 마땅하다. 따라서 노동자들이 임금을 인하하려는 시도나 행동에 맞서 반작용한다면 올바르게 행동하는 셈이다. 따라서 노동자들이 **임금 상승**을 강요하는 것은 올바르게 행동하는 셈인데, 왜냐하면 임금 인하에 맞서는 모든 **반작용**이 임금을 인상하기 위한 **행동**이기 때문이다. 따라서 웨스턴 회원 자신의 **임금 불변**의 원리에 따르면, 노동자들은 특정한 상황에서는 임금 상승을 위해 단결하고 투쟁하는 것이 마땅한 셈이다.

이러한 결론을 부정한다면, 웨스턴 회원은 그러한 결론이 나오게 되는 전제를 포기해야 한다. 웨스턴 회원은 임금액이 **불변의 양**이라고 말할 것이 아니라, 임금액은 비록 **상승**할 수도 없고 그래서도 안 될지라도 자본이 인하하려 할 때면 언제든 **하락**할 수 있고 또 그래야만 된다고 말해야 한다. 자본가가 여러분에게 고기가 아니라 밀을 먹이려 한다면, 또한 밀이 아니라 귀리를 먹이려 한다면, 여러분은 그의 의지를 정치경제학의 법칙으로 받아들여 감수해야 한다. 어떤 나라에서 임금률이 다른 나라보다 높다면, 예를 들면 미합중국 임금률이 영국 임금률보다 높다면, 이러한 임금률 차이를 미국 자본가의 의지와 영국 자본가의 의지 사이의 차이로 설명해야 하지만, 이는 경제 현상에 대한 연구만이 아니라 다른 모든 현상에 대한 연구도 대단히 단순화하는 방법임에 틀림없을 것이다.

그러나 심지어 그럴 경우라 하더라도 이렇게 물을 수도 있다. **왜** 미국 자본가의 의지는 영국 자본가의 의지와 다를까? 그런데 이 질문에 대답하려면 **의지**의 영역을 넘어서야 한다. 어떤 사람은 신께서 이루시려는 것이 프랑스에서는 이것이고 영국에서는 그와는 다른 것이라고 내게 말해 줄지도 모른다. 내가 그 사람에게 의지의 이러한 이중성을 설명해 달라고 요구하면, 그 사람은 신께서는 프랑스에서는 이런 의지를 이루시려 하고 영국에서는 다른 의지를 이루시려 한다고 뻔뻔스럽게 대답할지도 모른다. 그러나 우리의 벗 웨스턴은 모든 논증을 그렇게 완전히 거부하는 식의 논지를 펼 사람이 틀림없이 아니다.

틀림없이 자본가의 **의지**는 가능한 한 많이 갖는 것이다. 우리가 해야 하는 일은 자본가의 **의지**에 대해 말하는 것이 아니라 자본가의 **힘, 그 힘의 한계, 그러한 한계의 성격** 따위를 탐구하는 것이다.

Ⅱ. [생산품, 임금, 이윤]

웨스턴 회원이 우리에게 들려준 강연은 간결하게 압축할 수도 있는 것이었다.

그의 모든 논증은 요컨대 이런 것이었다. 노동자계급이 강제로 자본가계급에게 화폐임금의 꼴로 4실링이 아니라 5실링을 지불하게 하면 자본가는 상품의 꼴로 5실링 값어치가 있는 것이 아니라 4실링 값어치가 있는 것을 돌려줄 것이라는 것. 노동자계급은 임금 상승 이전에는 4실링에 구매하던 것의 대가로 5실링을 지불해야 할 것이라는 것. 그런데 왜 이런 경우가 생기는가? 왜 자본가는 5실링의 대가로 4실링 값어치가 있는 것을 돌려줄 뿐인가? 임금액은 고정되어 있기 때문이란다. 왜 임금액은 4실링 값어치 상품에 고정되는가? 왜 3실링이나 2실링이나 그 밖의 어떤 액수로 고정되지는 않는 것인가? 임금액의 한계가 자본가의 의지로부터도 노동자의 의지로부터도 모두 독립적이어서 경제법칙에 의해 정해진다면, 웨스턴 회원이 했어야 하는 첫 번째 일은 그 법칙을 언명하고 증명하는 것이었다. 그런 다음에는 나아가서, 주어진 순간마다 실제로 지불되는 임금액이 언제나 필연적인 임금액에 정확히 조응하며 절대로 그로부터 벗어나지 않음을 증명해야 마땅했다. 다른 한편, 임금액에 주어지는 한계를 **그저** 자본가의 **의지인 것**을 근거로 또는 허욕의 한계를 근거로 설정한다면, 그것은 자의적 한계다. 그런 한계에는 필연적인 것이란 없다. 그런 한계는 자본가의 의지에 **따라** 변화할 수도 있고, 따라서 자본가의 의지를 **거스르며** 변화할 수도 있다.

웨스턴 회원이 자신의 이론을 예증하면서 여러분에게 말한 것은 이런 것이다. 사발에 특정한 양의 수프가 담겨 있고 이를 특정한 수의 사람이 먹어야 할 때 숟가락spoon 크기가 커진다 해서 수프 분량이 늘어나는 일이 일어나는 것은 아니라는 것이다. 웨스턴 회원에게 실례되는 이야기를 하자면, 나는 이런 예증을 왠지 모르게 어리석은 것spoony으로 볼 수밖에 없다. 웨스턴 회원의 예증은 메네니우스 아그리파가 사용한 직유법을 좀 떠올리게 했다. 로마 평민이 로마 귀족에 맞서 파업을 일으켰을 때 귀족인 아그리파가 평민에게 했던 말은 배에 해당하는 귀족이 정치적 육체의 사지에 해당하는 평민을 먹여 살리고 있다는 것이었다. 아그리파는 어떤 사람의 사지를 다른 사람의 배를 채움으로써 먹여 살린다는 것을 보여 주는 데에는 실패했다. 웨스턴 회원으로 말하자면, 노동자들이 먹을 것이 담긴 사발이 국민 노동의 생산고 전체로 채워져 있다는 점과 노동자들이 사발에서 더 많이 가져오지 못하게 가로막는 것이 사발이 작다는 것도 아니고 사발에 담긴 것이 적다는 것도 아니고 다만 숟가락이 작다는 사정이라는 점을 잊고 말았다.

어떤 장치를 쓰기에 자본가는 5실링의 대가로 4실링 값어치가 있는 것을 돌려줄 수 있게 되는가? 자신이 판매하는 상품의 가격을 인상함으로써 그렇다고 한다. 그런데 상품 가격의 상승, 더 일반적으로 말하자면 상품 가격의 변화, 아니 상품 가격 자체가 그저 자본가의 의지인 것에 좌우되는가? 아니면 그렇기는 커녕 그 의지가 효과를 보려면 특정한 상황이 필요한 것인가? 그런 상황이 필요하지 않다면, 시장가격의 오르내림, 즉 시장가격의 그칠 줄 모르는 요동은 풀 수 없는 수수께끼가 되고 만다.

우리가 가정하듯이 노동생산력에도, 사용된 자본량과 사용된 노동량에도, 생산물 가치를 평가하는 화폐 가치에도 어떠한 변화도 일어나지 않고 **임금률에만 변화가 일어난다면**, 어떻게 그러한 **임금 상승**이 **상품 가격**에 영향을 미칠 수 있을까? 그 상품에 대한 수요와 그 상품의 공급 사이의 실제 비율에 영향을 미침으로써만 그 상품의 가격에 영향을 미칠 수 있을 것이다.

전체로 보자면 노동자계급이 자신의 소득을 **필수품**에 소비하고 있으며 또 그럴 수밖에 없다는 점은 완벽하게 옳다. 따라서 임금률의 일반적 상승은 필수품에 대한 수요의 상승을 낳을 것이고, 결과적으로 **필수품의 시장가격**의 상승을 낳을 것이다. 이러한 필수품을 생산하는 자본가라면, 상승한 임금을 자신의 상품의 시장가격을 상승시킴으로써 벌충할 것이다. 그러나 필수품이 **아닌 것**을 생산하는 다른 자본가는 어찌 되는가? 그런데 그런 자본가가 소수일 것이라 헛되이 생각해서는 안 된다. 국민생산고의 2/3를 인구의 1/5 — 어떤 하원 의원이 언명한 바에 따르면, 최근에는 고작 인구의 1/7 — 이 소비한다는 점을 고려한다면, 여러분은 국민생산고 가운데 얼마나 막대한 부분이 사치품의 꼴로 생산되어야 하거나 사치품과 **교환**되어야 하는지를, 그리고 필수품도 얼마나 막대한 분량이 하인, 말, 고양이, 기타 등등에 낭비되고 있음이 틀림없는지를 이해하게 될 것이다. 경험상 우리는 필수품 가격이 상승함으로써 이러한 낭비가 크게 제한되게 될 것임을 알고 있다.

그런데 필수품이 **아닌 것**을 생산하는 자본가의 위치는 어떻게 될 것인가? 그런 자본가는 일반적 임금 상승에 이어서 일어나는 **이윤율 하락**을 **자신의 상품의 가격의 상승**으로 벌충할 수 없을 것인데, 왜냐하면 그런 상품에 대한 수요는 증가하지 않을 것이기 때문이다. 그런 자본가의 소득은 감소할 것이며, 더 고가가 된 필수품 동일한 분량에 대한 대가로 이처럼 감소한 소득에서 더 많이 지불해야 할 것이다. 그런데 이것이 전부가 아닐 것이다. 그런 자본가들은 소득이 축소되었으므로 사치품을 덜 소비할 수밖에 없게 될 것이며, 따라서 그들 각각의 상품에 대한 상호 간의 수요는 축소될 것이다. 이러한 축소된 수요로 인해 그들 상품의 가격은 하락하게 될 것이다. 따라서 이러한 산업부문에서는 임금률의 일반적 상승에 단순히 비례해서만이 아니라 일반적 임금 상승, 필수품 가격의 상승, 사치품 가격의 하락 따위와 관계된 복합적 비율로도 **이윤율이 하락할 것이다.**

서로 다른 산업부문에 사용된 자본의 **이윤율의 이러한 차이**가 이르게 될 귀결은 무엇인가? 물론, 그것은 생산 분야가 달라 어떤 이유에서든 **평균이윤율**이 다를 때마다 일반적으로 얻게 되는 것과 같은 귀결이다. 수익이 적은 부문에서 수익이 많은 부문으로 자본과 노동이 이전될 것이다. 그리고 이러한 이전 과정은 어떤 산업부문에서는 증가된 수요에 비례하여 공급이 상승했을 때까지, 그리고 다른 부문들에서는 감소된 수요에 따라 공급이 감소했을 때까지 계속될 것이다. **이러한 변화가 효과를 낳아, 일반적 이윤율**은 서로 다른 부문들에서 다시 **균등하게** 될 것이다. 이러한 어지러움 전체가 애초에 그저 서로 다른 상품들에 대한 수요와 그런 상품들의 공급 사이의 비율의 변화에서 생겼기에, 원인이 멈추면 효과도 멈출 것이며, **가격**은 예전 수준과 균형을 맞추도록 돌아갈 것이다. 임금 상승에 이어서 일어나는 **이윤율 하락**은 몇몇 산업부문에 제한되지 않고 **일반적인 것**이 되었을 것이다. 우리 가정에 따르면, 노동생산력에도 변화가 일어나지 않고 생산 총액에도 변화가 일어나지 않았을 것이지만 **그 주어진 생산액은 형태를 바꾸었을 것이다.** 생산고 가운데 더 많은 부분이 필수품 꼴로 존재할 것이고 더 적은 부분이 사치품 꼴로 존재할 것이며, 또는 매한가지지만 더 적은 부분이 외국 사치품과 교환되어 그 별난 형태로 소비될 것이며, 또는 다시 매한가지지만 자국 생산고 가운데 더 많은 부분이 외국 사치품이 아니라 외국 필수품과 교환될 것이다. 따라서 임금률의 일반적 상승은 시장가격을 일시적으로 교란한 뒤, 상품 가격이 영구적으로 변화하지 않는 일반적 이윤율 하락이라는 결과로 끝날 뿐이다.

내가 앞에서의 논의에서 추가분 임금 전체를 필수품에 소비되는 것으로 추정했다는 말을 듣는다면, 나는 그것이 웨스턴 회원의 의견에 가장 유리한 가정이라고 대답할 것이다. 추가분 임금이 예전에는 노동자의 소비에 들어가지 않았던 품목들에 소비된다면, 노동자의 구매력이 실제로 증가했음은 증명할 필요도 없을 것이다. 하지만 노동자의 구매력 증가는 임금 인상에서 생긴 것일 뿐이기 때문에 자본가의 구매력 감소에 정확히 조응할 것이 틀림없다. 따라서 상품에 대한 **총수요**가 **증가하는 것**이 아니라 그 수요의 구성 요소들이 **변화할 것**이다. 한편에서의 증가하는 수요는 다른 편에서의 감소하는 수요로 균형이 잡힐 것이다. 이렇듯 총수요는 제자리걸음이고, 상품의 시장가격에는 그 어떤 변화도 일어날 수 없을 것이다.

따라서 여러분은 이런 딜레마에 다다른다. 추가분 임금이 모든 소비품에 균등하게 소비되는가 — 그렇다고 한다면 노동자계급 쪽의 수요 확대는 자본가계급 쪽의 수요 수축으로 벌충되지 않으면 안 된다 — 아니면 몇몇 품목에만 소비되어 그런 품목의 시장가격이 일시적으로 상승할 것인가. 그에 이어서 일어나는 몇몇 산업부문에서의 이윤율 상승과 그에 이어서 일어나는 다른 산업부문들에서의 이윤율 하락은 자본과 노동의 분배에 변화를 낳을 것이며, 이는 어떤 산업부문에서는 공급이 증가된 수요에 이르도록 늘어나고 다른 산업부문들에서는 공급이 축소된 수요에 이르도록 줄어들 때까지 계속될 것이다. 어떤 가정에 따르면, 상품 가격의 변화가 일어나지 않을 것이다. 다른 가정에 따르면, 시장가격이 약간 요동친 이후에 상품들의 교환가치는 예전 수준으로 돌아가 진정될 것이다. 두 가정에 따르면, 임금률의 일반적 상승은 궁극적으로 일반적 이윤율 하락이라는 결과로만 끝날 것이다.

여러분의 상상력을 북돋기 위해 웨스턴 회원은 영국 농업 임금이 9실링에서 18실링으로 일반적으로 상승할 때 생길 곤란함을 생각해 보길 청했다. 그는 이렇게 절규했다. 필수품 수요의 막대한 상승과 그에 이어서 일어나는 필수품 가격의 무시무시한 상승을 생각해 보라! 그런데 여러분 모두 알고 있듯이, 농산물 가격은 미합중국이 영연방보다 낮을지라도, 자본과 노동의 일반적 관계는 미합중국이나 영국이나 똑같이 널리 퍼져 있을지라도, 연간 생산액은 미합중국이 영국보다 훨씬 적을지라도, 미국 농업 노동자의 평균임금은 영국 농업 노동자의 평균임금의 두 배 넘는 것에 달한다. 그러면 왜 우리의 벗은 이처럼 경종을 울리는 것일까? 그저 우리 앞에 놓인 현실적 문제를 얼버무리기 위해 그런 것이다. 갑자기 임금이 9실링에서 18실링으로 상승한다는 것은 갑자기 100퍼센트 분량이 상승하는 것이 될 것이다. 그런데 우리는 영국에서 일반적 임금률이 갑자기 100퍼센트 증가할 수 있는지 여부의 문제를 토론하고 있는 것이 전혀 아니다. 우리에게 상승의 **크기**는 전혀 문제가 아닌데, 그 크기는 그 어떤 실제의 경우에서도 주어진 상황에 좌우되지 않을 수 없으며 주어진 상황에 걸맞게 되지 않을 수 없는 것이다. 우리는 1퍼센트에 그치는 것이라 해도 임금률의 일반적 상승이 어떻게 작용하는지를 탐구하면 될 뿐이다.

100퍼센트 상승이라는 벗 웨스턴의 헛된 이야기에 대해서는 이쯤 해 두고, 나는 그레이트브리튼에서 1849년부터 1859년까지 일어난 실제의 임금 상승에 주의를 돌릴 것을 제안한다.

여러분 모두는 1848년 이래로 도입된 「10시간법」, 아니 정확히 말하자면 「10½시간법」을 알고 있다.[16] 이 법은 우리가 목격한 가장 위대한 경제적 변화 가운데 하나였다. 그 법은 갑작스럽고 강제적인 임금 상승이었으며, 특정 지역에 한정된 몇몇 업종에서 그런 것이 아니라 영국이 세계시장을 뒤흔들게 한 주요 산업부문들에서 그랬다. 희한할 정도로 좋지 않은 상황에서 일어난 임금 상승이었다. 우어 박사, 시니어 교수, 그리고 중간계급[17]의 다른 모든 공식적 경제학 주둥이가 그 법이 영국 산업의 조종을 울릴 것임을 **증명**했으며, 나는 그들이 우리의 벗 웨스턴보다 훨씬 강력한 근거를 토대로 삼아 그 점을 증명했다고 말하지 않을 수 없다. 그들은 그 법이 단순한 임금 상승에 이르는 것에 그칠 뿐만 아니라 사용되는 노동의 양의 축소로 시작되고 그 축소를 토대로 하는 임금 상승에도 이를 것임을 증명했다. 그들이 주장한 바에 따르면, 여러분이 자본가에게서 빼앗으려 하는 열두 번째 한 시간이 자본가에게 이윤이 생기는 정확히 유일한 한 시간이다.[18] 그들은 축적이 감소할 것이고 가격이 상승할 것이고 시장을 상실할 것이고 생산이 위축될 것이고 그에 이어서 임금에 반작용이 가해져 궁극적으로 파멸할 것이라며 협박했다. 실제로 그들은 막씨밀리앵 로베스삐에르의 최고

가격법[19]도 이 법과 비교하면 소소한 일이라고 천명했다. 그리고 특정한 의미에서는 그들이 옳았다. 그런데 그 결과는 무엇이었나? 노동일이 단축되었음에도 공장 직공職工의 화폐임금이 상승했고, 공장에 고용된 일손이 크게 증가했고, 그들의 생산물의 가격이 계속 하락했고, 그들의 노동의 생산력이 놀랄 만큼 발전했고, 그들의 상품에 대한 시장의 전대미문의 누진적 확대가 이루어졌다. 나는 1861년에 맨체스터에서 열린 과학진흥협회 회의에서 **뉴먼** 씨가 자기 자신, 우어 박사, 시니어, 그리고 경제학과 관련된 공식적 이론을 제출하는 그 밖의 모든 사람은 글렀던 반면에 인민의 본능은 옳았다고 고백하는 것을 직접 들었다. 내가 언급하는 사람은 프랜시스 뉴먼 교수가 아니라 W. 뉴먼 씨인데, 뉴먼 씨는 1793년부터 1856년에 이르기까지 가격의 역사를 추적하는 훌륭한 저서인 토머스 투크 씨의 『가격의 역사』의 협력자이자 편집자로서 경제학에서 걸출한 지위를 차지하고 있는 사람이기 때문이다.[20] 고정된 임금액, 고정된 생산액, 고정된 노동생산력 정도, 자본가의 고정되고 영구적인 의지, 그리고 자신이 말하는 그 밖의 모든 고정된 것과 최종적인 것 따위에 관한 우리의 벗 웨스턴의 고정관념이 옳다면, 시니어 교수의 슬퍼할 만한 예감은 옳았던 셈이며, 이미 1816년에 노동일의 일반적 제한을 노동자계급 해방을 준비하는 첫 걸음으로 선포했으며 뉴라나르크에서 자신이 운영하는 방적 공장에서 실제로 일반적 선입견을 무릅쓰고 제 힘으로 노동일의 제한을 개시한 로버트 오언은 글렀던 셈이다.

「10시간법」이 도입되고 그에 이어 임금 상승이 일어나던 바로 그 시기에, 그레이트브리튼에서는 여기서 열거하기에는 적절하지 않은 이유들 때문에 농업 임금의 **일반적 상승**이 일어났다.

당장의 목적을 이루는 데는 필요하지 않을지라도, 여러분들이 오해하지 않도록 서두의 말을 좀 할까 한다.

어떤 사람이 한 주 임금으로 2실링을 얻고 있었는데 임금이 4실링으로 상승했다면, **임금률**은 100퍼센트 상승한 것이 된다. 한 주 4실링이라는 **실제 임금액**은 여전히 비참할 정도로 적은 돈, 굶어 죽는 것을 면할 정도의 아주 적은 돈일지라도, 이것이 **임금률** 상승으로 표현되면 매우 훌륭한 일로 보일 것이다. 따라서 여러분은 임금**률**이 높은 퍼센트 상승된 것으로 들린다고 넋을 잃어서는 안 된다. 여러분은 언제나 이렇게 물어야 한다. **애초의** 액수가 얼마였던가?

더 나아가, 여러분은 주당 2실링씩 받는 사람이 10명 있고 5실링씩 받는 사람이 5명 있고 11실링씩 받는 사람이 5명 있을 때 20명을 전부 합치면 한 주에 100실링, 즉 5파운드스털링을 받고 있다는 것을 이해할 것이다. 그런데 그 사람들의 한 주 임금 **총**액에 상승이 일어난다면, 예컨대 20퍼센트 상승이 일어난다면, 5파운드스털링에서 6파운드스털링으로의 인상이 있을 것이다. 사실 10명의 임금은 제자리걸음이었고 한쪽 5명의 임금은 5실링에서 6실링으로 상승했을 뿐이고 다른 쪽 5명의 임금은 55실링에서 70실링으로 상승한 것일지라도, 평균으로 보자면 **일반적 임금률**이 20퍼센트 상승했다고 말할 수 있을 것이다. 그 사람들 가운데 절반은 지위가 전혀 향상되지 못했을 것이고,

1/4은 느끼지 못할 정도만 지위가 향상됐을 것이고, 1/4만 현실적으로 지위가 개선됐을 것이다. 그렇다 해도 **평균**으로 합산하면, 그 20명 임금 총합계는 20퍼센트 증가한 것이 될 것이며, 그들을 고용한 총자본과 그들이 생산하는 상품의 가격에 관한 한 마치 그들 모두가 평균적 임금 상승에 균등하게 관여했던 것과 정확히 똑같을 것이다. 농업 노동의 경우를 보자면, 표준임금은 잉글랜드와 스코틀랜드의 서로 다른 주들에서 매우 다르며, 표준임금 상승은 그 주들에 매우 불균등하게 영향을 미쳤다.

끝으로, 임금 상승이 일어난 시기 동안에는 러시아 전쟁[21]에 이어서 생겨난 새로운 조세, 농업 노동자가 거주하던 주택의 광범위한 파괴 등등으로 인해 그와는 반대의 영향이 작동했다.

전제로 한 이야기가 너무 길어졌으니, 1849년부터 1859년까지 그레이트브리튼의 평균 농업 임금률에 **약 40퍼센트의 상승**이 일어났다는 점을 언명하는 것으로 넘어가기로 하겠다. 내 주장의 증거가 될 상세한 것들을 여러분에게 넉넉히 제시할 수도 있지만, 현재의 목적을 위해서는 1860년에 런던기예협회에서 발표된 고故 존 C. 모턴 씨의 「농업에 사용되는 힘들」이라는 양심적이고 비판적인 논문을 참조하라고 하는 것으로도 충분하다고 생각한다.[22] 모턴 씨는 스코틀랜드 12개 주와 잉글랜드 35개 주에 사는 약 100명의 농업 경영자에게서 모은 계산서와 그 밖의 인증된 문서를 이용해 보고서를 제출했다.

우리의 벗 웨스턴의 의견에 따르자면, 그리고 공장 직공職工의 임금이 그와 동시에 상승했던 것을 함께 고려하면, 1849년에서 1859년 시기 동안 농산물 가격의 엄청난 상승이 일어났어야 마땅했다. 그런데 사실은 어떠한가? 러시아 전쟁에도 불구하고, 그리고 1854년부터 1856년에 이르는 연속적 흉작에도 불구하고, 영국의 주요 농산물인 밀의 평균가격은 1838년부터 1848년까지는 쿼터당 대략 3파운드스털링이었던 것에서 1849년부터 1859년까지는 쿼터당 대략 2파운드스털링10실링으로 하락했다. 농업 임금이 평균적으로 40퍼센트 상승하던 것과 동시에 밀 가격이 16퍼센트 넘게 하락한 것이다. 동일한 시기 동안에 대해 마지막 해인 1859년을 첫 해인 1849년과 비교하면, 공식적인 구호 대상 빈민은 934,419명에서 860,470명으로 감소하여 그 차이는 73,949명이었다. 매우 적게 감소했으며 그에 이은 몇 해 동안 다시 감소를 멈추었음은 나도 인정하지만, 어쨌든 감소하기는 했다.

곡물법 폐지가 있고 나서[23] 외국 곡물의 수입은 1838년부터 1848년에 이르는 시기와 비교해 1849년부터 1859년에 이르는 시기 동안에는 배가 넘게 되었다고 할 수 있을 것이다. 그래서 어떻게 되었는가? 웨스턴 회원의 관점에서 보자면, 외부에서 왔든 내부에서 왔든 증가된 수요의 효과는 동일하므로 외국 시장에 대한 수요가 이렇게 갑작스럽고 막대하게 계속 증가하면 그 외국에서는 농산물 가격을 무시무시할 정도로 올리지 않을 수 없었을 것이라고 예측했을 것이다. 사실은 어떠했는가? 작황이 좋지 않았던 몇 년을 논외로 한다면, 프랑스에서는 그 시기 내내 곡물 가격의 파멸적 하락이 열변의 고정 주제였다. 미국인들은 생산물 잉여분을 태워 버리기를 되풀이하지 않을 수 없었다. 러시아는, 어커트 씨의 말을 믿는다면, 유럽 시장에서 자국의 농산물 수출이 양키의 경쟁으로 인해 해를 입었기 때문에 미합중국 내전을 부추겼다.

추상적 형태로 환원하자면, 웨스턴 회원의 논지는 이런 것이 될 것이다. 그 어떤 수요 제고도 언제나 주어진 생산액을 토대로 삼아 일어난다는 것이다. 따라서 수요 상승은 **절대로 수요의 대상인 품목의 공급을 증가하게** 할 수는 **없고 그 품목의 화폐가격을 등귀하게** 할 수 **있을 뿐**이라는 것이다. 그런데 극히 평범하게 관찰해 보아도 드러나듯이, 증가된 수요는 몇몇 경우에는 상품들의 시장가격들을 전혀 변화되지 않은 채로 둘 것이며, 다른 경우에는 시장가격의 일시적 상승의 원인이 될 것이지만 그에 뒤따라 공급이 증가하고 그에 뒤따라 가격이 애초 수준**으로** 삭감될 것이고, 많은 경우에는 애초 수준 **아래로** 삭감될 것이다. 수요 상승이 추가분 임금에서 기인한 것인지 아니면 그 밖의 어떤 원인에서 기인한 것인지는 문제의 조건을 전혀 변화시키지 않는다. 웨스턴 회원의 관점에서 보자면, 이러한 일반적 현상도 임금 상승이라는 예외적 상황에서 일어나는 현상만큼이나 설명하기 곤란한 것이었다. 따라서 그의 논지는 우리가 다루는 주제와 독특한 관련이 있는 것이 전혀 아니다. 그의 논지는 수요 증가가 시장가격의 궁극적 상승이 아니라 공급 증가를 낳는다는 식의 법칙을 밝히면서 느끼는 당혹감을 표현할 뿐이다.

Ⅲ. [임금과 통화]

토의 둘째 날 우리의 벗 웨스턴은 자신의 낡은 주장을 새로운 형태로 포장해 나타냈다. 그는 이렇게 말했다. 화폐임금의 일반적 상승에 이어서 일어나는 일은 동일한 임금을 지불하는 데 더 많은 통화가 필요하게 되는 것이라고. 통화량이 **고정**되어 있다면, 어떻게 이처럼 고정된 통화량으로 증가된 화폐임금을 지불할 수 있단 말인가? 처음에는 노동자의 화폐임금이 증가했음에도 그에게 돌아가는 상품량은 고정되어 있다는 사정에서 곤란함이 생겼다. 이제는 상품량은 고정되어 있음에도 화폐임금이 증가했다는 사정에서 어려움이 생긴다. 물론, 여러분이 우리의 벗 웨스턴의 애초의 도그마를 받아들이지 않는다면 그 도그마에서 파생하는 그의 불평은 사라질 것이다.

하지만 나는 이러한 통화량 문제가 우리 앞에 놓인 주제와는 전혀 관계가 없음을 보여 주겠다.

여러분의 나라에는 지불 메커니즘이 그 밖의 어떤 유럽 나라보다도 훨씬 완벽하다. 은행 제도가 규모가 있으면서 집중된 덕분에, 동일한 가치량을 유통하는 데, 동일한 또는 더 큰 거래를 이루는 데 훨씬 적은 통화량이 필요하다. 예를 들어 임금에 관한 한, 잉글랜드 공장 직공職工은 주마다 자신의 임금을 가게 주인에게 지불하고, 가게 주인은 그것을 주마다 은행가에게 보내고, 은행가는 그것을 주마다 공장주에게 돌려주고, 공장주는 다시 그것을 자기 노동자들에게 지불하고, 등등의 식이다. 이런 장치에 의해 직공의 1년 임금, 예컨대 52파운드스털링은 소버린[24] 단 하나가 주마다 똑같은 원 안에서 돌고 돌면서 지불된다 할 것이다. 잉글랜드라 해도 그 메커니즘은 스코틀랜드보다는 덜 완벽하며, 메커니즘이 완벽한 정도가 어디서나 같은 것은 아니어서, 따라서 예를 들면 몇몇 농업지대에서는 순전히 공장 지대인 곳과 비교하자면 훨씬 적은 가치량을 유통하는 데 훨씬 많은 통화량이 필요하다다는 것을 우리는 알게 된다.

여러분은 영국해협을 건너게 되면 **화폐임금**이 영국보다 훨씬 낮다는 것, 그러나 그 임금이 독일, 이딸리아, 스위스, 프랑스 등지에서는 **훨씬 많은 통화량**으로 유통되고 있다는 것을 알게 될 것이다. 동일한 소버린을 은행가가 그렇게 빨리 가로채거나 산업자본가에게 돌려주지는 않을 것이다. 따라서 소버린 하나로 1년에 52파운드스털링이 유통되는 것이 아니라, 어쩌면 25파운드스털링이라는 액수의 1년 임금을 유통하는 데 소버린 세 개가 필요할 것이다. 이렇듯 대륙의 나라들을 영국과 비교해 보면 곧 알게 되는 것은 화폐임금이 낮아도 화폐임금이 높을 때보다 훨씬 많은 통화가 필요할 수도 있다는 점과 이는 사실상 우리의 주제와는 거리가 먼 그저 기술과 관련된 사항일 뿐이라는 점이다.

내가 알고 있는 가장 정확한 계산에 따르면, 이 나라 노동자계급의 1년 소득은 250,000,000파운드스털링으로 평가될 수 있다. 이 막대한 액수가 대략 300만파운드스털링으로 유통되고 있다. 50퍼센트의 임금 상승이 일어났다고 가정하자. 그러면 통화는 300만파운드스털링이 아니라 450만파운드스털링이 필요할 것이다. 노동자의 나날의 지출의 상당히 많은 부분은 은과 구리로, 바꾸어 말하자면 불환지폐와 마찬가지로 금에 대한 상대적 가치가 법률로 자의적으로 고정된 그저 보조화폐인 것으로 이루어지므로, 화폐임금이 50퍼센트 상승하면 극단적인 경우에도 소버린의 추가 유통에는 예컨대 100만파운드스털링이 라는 액수가 필요할 것이다. 지금은 잉글랜드은행이나 개인은 행가의 지하실에서 금괴나 금화의 꼴로 잠자고 있는 100만파운드스털링이 유통될 것이다. 그런데 그 100만파운드스털링을 추가로 조폐하거나 그 100만파운드스털링이 추가로 마모되는 결과로 나타나는 하찮은 지출조차 절약될 수도 있을 것이며, 추가 통화의 부족으로 마찰이라도 생기면 실제로 절약될 것이다.[25] 여러분 모두가 알고 있듯이, 이 나라의 통화는 크게 두 부문으로 분할되어 있다. 여러 부류의 은행권이 공급하는 한 종류는 상인들 사이에 거래가 이루어질 때와 소비자가 상인에게 거액을 지불할 때 사용되는 반면에, 통화의 다른 종류인 금속 주화는 소매업에서 유통된다. 이 두 종류의 통화는 구별됨에도 서로 섞여 있다. 그래서 5파운드스털링이 안 되는 온갖 우수리를 지불하는 용도로도 금화가 대단히 널리 유통된다. 내일 4파운드스털링권이나 3파운드스털링권이나 2파운드스털링권이 발행되면, 이 유통 수로를 채우고 있던 금화는 즉시 거기서 내쫓길 것이고, 화폐임금 증가로 인해 금화가 필요하게 될 그러한 수로로 흘러들 것이다. 이렇듯 50퍼센트 임금 인상으로 인해 필요하게 된 추가적인 100만파운드스털링은 소버린 단 하나도 추가하지 않고 공급될 것이다. 어음을 추가로 유통함으로써 은행권 단 한 장을 추가하지 않고도 동일한 효과를 낳을 수 있을 것이며, 이는 랭커셔에서 상당히 긴 시간 동안 그랬던 바와 같다.

임금률의 일반적 상승으로 인해, 예를 들면 웨스턴 회원이 농업 임금에서 일어난다고 가정했던 것처럼 100퍼센트 상승으로 인해 필수품 가격의 엄청난 상승이 일어나고 또 그의 견해대로 조달할 수 없는 추가 통화량이 필요하게 된다면, **일반적 임금 하락**도 동일한 효과를 반대 방향에서 동일한 규모로 낳아야 할 것이다. 좋다! 여러분 모두가 알고 있듯이, 1858년부터 1860년까지는 면업綿業이 가장 번창하던 해였고, 독특하게 1860년은 그런 면에서 상업 연대기에 필적할 만한 해가 없는 한편 그와 동시에 다른 모든 산업부문도 가장 번성했다. 면 직공의 임금과 이 업종과 연관이 있는 그 밖의 모든 노동자의 임금은 1860년에는 그 이전보다 높았다. 미국 공황이 왔고[26], 앞에서 말한 노동자들의 총임금은 갑작스레 예전 액수의 약 1/4로 삭감됐다. 이는 반대 방향에서 보자면 300퍼센트 상승한 것이었다. 임금이 5에서 20으로 상승하면 300퍼센트 상승했다고 말하고 임금이 20에서 5로 하락하면 75퍼센트 하락했다고 말하지만, 앞 경우에 상승한 액수와 뒤 경우에 하락한 액수는 말하자면 15실링으로 똑같을 것이다. 그렇다고 한다면 이는 전례 없는 갑작스런 임금률 변화였던 셈이며, 그와 동시에 면업에 직접적으로 종사하고 있는 직공만이 아니라 그 업종이 간접적으로 좌우하는 직공까지 모두 센다면 농업 노동자보다 1/2 많은 수의 직공에게 이르는 변화이기도 했다. 밀 가격은 하락했는가? 밀 가격은 1858년~1860년 3년 동안에는 쿼터당 연평균 47실링 8페니였다가 1861년~1863년 3년 동안에는 쿼터당 연평균 55실링 10페니로 **상승했다**. 통화에 대해 말하자면, 조폐소에서 주조된 것이 1860년에는 3,378,792파운드스털링이었던 것에 반해 1861년에는 8,673,323파운드스털링이었다. 바꾸어 말하자면, 1861년에는 1860년보다 5,294,440파운드스털링이 더 주조된 것이다. 사실 은행권 유통은 1861년이 1860년보다 1,319,000파운드스털링 적었다. 이것을 빼 보라. 그래도 번창했던 해인 1860년과 비교해 1861년에는 여분의 통화가 여전히 3,975,440파운드스털링, 즉 대략 400만파운드스털링 있는 셈이다. 그러나 그와 동시에 잉글랜드은행의 금괴 준비금은 비율이 그와 완전히 똑같지는 않지만 근사하게 감소했다.

1862년을 1842년과 비교해 보라. 유통되는 상품의 가치와 분량이 막대하게 증가한 것은 논외로 하더라도, 1862년 잉글랜드와 웨일스에서 철도와 관련된 주식, 채권 등등의 정규 거래에 지불된 자본만도 320,000,000파운드스털링에 달했으니, 이는 1842년이라면 터무니없게 보였을 액수다. 그렇다 해도 1862년과 1842년의 통화 총량은 거의 같았으니, 일반적으로 여러분은 상품뿐 아니라 화폐 거래 일반의 가치가 대단히 증가하는 사태에 직면해서도 통화가 누진적으로 축소되는 경향을 발견하게 될 것이다. 우리의 벗 웨스턴의 관점에서 보자면, 이것은 풀리지 않을 수수께끼다.

우리의 벗 웨스턴이 이 사안을 좀 더 깊이 들여다보았다면, 임금은 완전히 논외로 하여 고정되어 있다고 가정해도, 유통되는 상품의 가치와 수량, 일반적으로 말하자면 결제되어야 할 화폐 거래 액수는 날마다 달라진다는 것, 은행권 발행 액수는 날마다 달라진다는 것, 화폐는 전혀 개입하지 않은 채 어음, 수표, 장부상 대출, 어음교환소 따위의 도움으로 실현되는 지불 액수는 날마다 달라진다는 것, 실제 금속 통화가 필요한 한에서는 유통되고 있는 금화와 준비금으로 있거나 은행 지하실에서 잠자고 있는 금화 및 금괴 사이의 비율은 날마다 달라진다는 것, 국내 유통이 흡수하는 금괴 분량과 국제 유통을 위해 해외로 보내는 금괴 분량은 날마다 달라진다는 것 따위를 발견해야 했을 것이다. 통화량이 고정되어 있다는 이러한 도그마는 우리에게 매일매일 벌어지는 운동과 양립할 수 없는 어마어마한 오류라는 것을 발견해야 했을 것이다. 통화 법칙에 관한 자신의 잘못된 생각을 임금 상승에 반대하는 논지로 바꿀 것이 아니라 그렇게 계속 변화하는 상황에 통화가 적응할 수 있게 되는 법칙을 탐구해야 했을 것이다.

Ⅳ. [공급과 수요]

우리의 벗 웨스턴은 "repetitio est mater studiorum," 즉 반복은 학문의 어머니라는 라틴어 속담을 받아들이는 사람이기에, 자신의 애초의 도그마를 다시 새로운 형태로, 즉 임금 제고의 결과로 나타나는 통화 수축은 자본 축소를 낳을 것이라는 등의 형태로 반복했다. 통화와 관련한 우리의 벗 웨스턴의 별난 생각은 이미 다루었으므로, 나는 그가 자신이 상상하는 통화 재난에서 나온다고 헛되이 생각하는 상상의 귀결로 들어가 보는 것은 완전히 쓸모없는 일이라 본다. 곧장 나는 그토록 많은 다른 꼴로 반복되고 있는 그의 **하나인 동일한 도그마**를 가장 단순한 이론적 형태로 환원하고자 한다.

우리의 벗 웨스턴이 자신의 주제를 다루는 방식이 무비판적이라는 것은 한 가지 점만 지적해도 분명해질 것이다. 그는 임금 상승이나 그러한 상승의 결과인 높은 임금에 맞서 항변하고 있다. 자, 그에게 묻겠다. 어떤 것이 높은 임금이며 어떤 것이 낮은 임금인가? 왜 예를 들어 한 주 5실링은 낮은 임금이 되고 한 주 20실링은 높은 임금이 되는가? 5를 20과 비교하면 5가 낮지만, 20을 200과 비교하면 20은 그보다 훨씬 낮다. 온도계에 대해 강연하기로 한 사람이 온도가 높으니 낮으니 열변을 토하는 것으로 강연을 연다면 전혀 지식을 전하지 못하고 말 것이다. 그런 사람이라면 우선 어는점을 어떻게 찾고 끓는점을 어떻게 찾는지, 그리고 어떻게 이러한 기준점들이 온도계를 판매하는 사람이나 제작하는 사람의 헛된 생각에 의해 정해지는 것이 아니라 자연법칙에 의해 정해지는지를 나에게 말해 주어야 한다. 그런데 임금 및 이윤과 관련하여 보자면, 웨스턴 회원은 그러한 기준점을 경제법칙들로부터 추론하는 데 실패했을 뿐만 아니라 그런 경제법칙들을 살필 필요성을 느끼지도 못했다. 임금은 그 크기를 측정하는 표준과 비교해야 높거나 낮다고 말할 수 있는 것이 자명함에도, 웨스턴 회원은 낮은 임금과 높은 임금이라는 통속어를 고정된 의미를 지닌 어떤 것으로 받아들이는 것으로 만족했다.

웨스턴 회원은 왜 특정한 노동량에 대한 대가로 특정한 화폐량을 주는지 내게 말할 수 없을 것이다. "그것은 공급과 수요의 법칙에 의해 정해진다"라고 그가 대답한다면, 나는 일차적으로 그에게 공급과 수요의 법칙 자체는 무엇에 의해 규제되는지를 물을 것이다. 그러면 나의 그러한 응답은 즉시 그를 무색하게 만들 것이다. 노동 공급과 노동 수요의 관계는 끊임없는 변화를 겪으며, 그 변화와 함께 노동의 시장가격은 변화를 겪는다. 수요가 공급을 넘어서면 임금은 상승하고 공급이 수요를 넘어서면 임금은 하락하는데, 비록 그러한 상황에서 예를 들면 파업이나 그 밖의 어떤 방법으로 수요와 공급의 실상을 **시험하는** 것이 필요할지라도 그렇다. 그러나 여러분이 공급과 수요라는 것을 임금을 규제하는 법칙으로 받아들인다면 그것은 열변을 토하며 임금 상승에 반대하는 것만큼이나 어린애 같고 쓸모없는 일일 것인데, 왜냐하면 여러분이 호소하는 지고의 법칙에 따르면 주기적 임금 상승은 주기적 임금 하락만큼이나 대단히 필연적이고 도리에 맞는 일이기 때문이다. 여러분이 공급과 수요라는 것을 임금을 규제하는 법칙으로 받아들이지 **않는다**면, 다시 나는 왜 특정한 노동량에 대한 대가로 특정한 화폐량을 주는지 질문을 반복하고자 한다.

그러나 사안을 더 폭 넓게 고찰해 보자. 여러분이 노동이든 그 밖의 어떤 상품이든 그 가치가 공급과 수요에 의해 궁극적으로 고정된다고 생각한다면 그것은 완전히 잘못일 것이다. 공급과 수요가 규제하는 것은 시장가격의 일시적 **요동**뿐이다. 공급과 수요는 왜 어떤 상품의 시장가격이 그 **가치** 이상으로 상승하고 그 이하로 하락하는지를 여러분에게 설명할 것이지만 **가치** 그 자체에 대해서는 밝히지 못한다. 공급과 수요가 균형을 이룬다고, 또는 경제학자들이 말하듯이 하자면 공급과 수요는 상쇄된다고 가정하자. 물론, 이 반대되는 힘들이 같아지는 순간, 그 힘들은 서로 마비를 일으켜 이러저러한 방향으로 작동하기를 멈춘다. 공급과 수요가 서로 균형을 이루는 순간, 따라서 작용하기를 멈추는 순간, 상품의 **시장가격**은 그 **실제 가치**와 일치하게 되며, 그 시장가격이 진동하는 축인 표준가격과 일치하게 된다. 따라서 그 **가치**라는 것의 본성을 탐구할 때는, 공급과 수요가 시장가격에 미치는 일시적 효과는 우리와 전혀 관계가 없는 것이다. 이와 동일한 말은 임금과 다른 모든 상품의 가격에 대해서도 들어맞는다 하겠다.

V. [임금과 가격]

가장 단순한 이론적 표현으로 환원하자면, 우리의 벗의 모든 논지는 이런 도그마 하나로 귀착된다. **"상품 가격은 임금에 의해 결정되거나 규제된다."**

나는 이러한 낡아 빠지고 이미 타파된 그릇된 생각을 논파하려 증언하기 위해 실제로 관찰한 것에 호소할 수도 있다. 나는 여러분에게 다음과 같이, 즉 영국의 공장 직공職工, 광산 노동자, 조선 노동자 등등은 노동이 상대적으로 고가이지만 그들이 생산한 것이 싸기 때문에 그것을 다른 모든 국민보다 싸게 판매하는 반면에, 예를 들면 영국의 농업 노동자는 노동이 상대적으로 저가이지만 그들이 생산한 것이 비싸기 때문에 그것을 그 밖의 거의 모든 국민이 그들보다 더 싸게 판매한다고 말할 수도 있다. 나는 같은 나라에서 품목과 품목을 비교함으로써, 그리고 서로 다른 나라의 상품을 비교함으로써, 실제적인 것이라기보다는 외관상의 것인 몇몇 예외는 논외로 한다면, 평균적으로 볼 때 고가 노동은 저가 상품을 생산하고 저가 노동은 고가 상품을 생산한다는 것을 보여 줄 수도 있다. 물론, 앞 경우에는 노동의 가격이 높다는 것이, 그리고 뒤 경우에는 노동의 가격이 낮다는 것이 그러한 정반대 효과의 각각의 원인임을 이런 사실이 증명하는 것은 아니긴 하지만, 아무튼 이런 사실은 상품 가격이 노동의 가격에 의해 지배되는 것이 아님은 증명할 것이다. 하지만 우리는 공연히 이러한 경험적 방법을 쓸 필요도 없다.

어쩌면 웨스턴 회원이 "**상품 가격은 임금에 의해 결정되거나 규제된다**"라는 도그마를 제시했다는 점이 부정될 수도 있다. 사실 웨스턴 회원이 그런 도그마를 정식화한 적은 전혀 없다. 그러기는커녕 웨스턴 회원은 노동자의 임금뿐 아니라 자본가의 이윤과 지주의 지대 또한 상품 가격에서 지불될 수밖에 없기 때문에 이윤과 지대 또한 상품 가격의 구성 요소를 형성한다고 말했다. 그런데 웨스턴 회원의 생각에서는 가격은 어떻게 형성되는가? 우선은 임금이 가격을 형성한다. 그런 다음에 그 외의 몇 퍼센트가 자본가를 위해 가격에 들어가고, 또 다른 그 외의 몇 퍼센트가 지주를 위해 가격에 들어간다. 어떤 상품 생산에 사용된 노동의 임금이 10이라고 가정하자. 선지급된 임금에 대한 이윤의 비율이 100퍼센트라면 자본가는 10을 더할 것이고, 지대의 비율이 임금의 100퍼센트라면 10이 더 더해져, 그 상품의 총가격은 30에 달할 것이다. 그러나 가격이 이렇게 결정된다는 것은 그저 가격이 임금에 의해 결정된다는 것일 뿐이다. 위의 경우에 임금이 20으로 상승하면 상품 가격은 60으로 상승하고, 기타 등등이 될 것이다. 임금이 가격을 규제한다는 도그마를 제출하며 정치경제학에 관해 글을 썼고 지금은 퇴물이 된 모든 사람은 이윤과 지대를 **그저 임금에 더해지는 퍼센트인 것**으로 다루는 것으로 그 도그마를 증명하려 해 왔다. 물론 그 가운데 누구도 그 퍼센트의 한계를 경제법칙으로 환원할 수는 없었다. 그러기는커녕 그들은 이윤이 전통, 관습, 자본가의 의지, 또는 그런 것들과 마찬가지로 자의적이고 설명할 수 없는 몇몇 다른 방법에 의해 정해진다고 생각하는 것으로 보인다. 그들이 이윤은 자본가들 사이의 경쟁에 의해 정해진다고 주장하다면, 아무것도 말하지 않는 셈이다. 그러한 경쟁이 서로 다른 업종의 서로 다른 이윤율을 균등하게 만들거나 그 서로 다른 이윤율들을 하나의 평균 수준으로 환원할 것은 확실하지만, 경쟁이 이윤율의 수준 그 자체 또는 일반적 이윤율을 결정하는 것은 전혀 아니다.

상품 가격이 임금에 의해 결정된다고 말할 때 그것이 뜻하는 것은 무엇인가? 임금이란 노동의 가격을 부르는 명칭일 뿐이므로, 그렇게 말할 때 우리가 뜻하는 것은 상품 가격은 노동의 가격에 의해 규제된다는 것이다. "**가격**"은 교환가치 — 그리고 내가 가치라고 말할 때는 언제나 교환가치를 말하는 것이다 — 이고 **화폐로 표현된 교환가치**이므로, 앞의 명제는 이런 것이 된다. "**상품의 가치**는 노동의 가치에 의해 결정된다." 또는 "**노동의 가치가 가치의 일반적 척도다.**"

그러면 "**노동의 가치**" 자체는 어떻게 결정되는가? 여기서 우리는 막히게 된다. 물론, 논리적으로 논증하려 하면 막히게 된다는 이야기다. 하지만 그런 교의를 제출하는 사람들은 논리적으로 별로 망설이지 않고 후딱 해결한다. 우리의 벗 웨스턴을

예로 들어 보자. 처음에는, 임금이 상품 가격을 규제하고 결과적으로는 임금이 상승할 때 가격은 상승하지 않을 수 없다고 우리에게 말했다. 그런 다음에는, 상품 가격이 상승해 버렸고 임금은 사실 그 임금이 소비되는 상품의 가격에 의해 측정되기 때문에 임금 상승은 쓸모없을 것임을 우리에게 보여 주는 것으로 돌아섰다. 이렇듯 노동의 가치가 상품의 가치를 결정한다고 말하는 것으로 시작하면 상품의 가치가 노동의 가치를 결정한다고 말하는 것으로 끝맺게 된다. 이렇듯 최악의 악순환에 빠져 우왕좌왕하고 그 어떠한 결론에도 이르지 못한다.

대체적으로 보자면, 한 상품의 가치, 예컨대 노동이나 곡물이나 그 밖의 어떤 한 상품의 가치를 가치의 일반적 척도이자 가치를 규제하는 것으로 삼게 되면 곤란함을 모면하는 데 그치게 될 뿐임은 분명한데, 왜냐하면 하나의 가치를 다른 가치로 결정하고 있지만 그 다른 가치 역시 결정될 필요가 있는 것이기 때문이다.

"임금이 상품 가격을 결정한다"라는 도그마는 가장 추상적 용어로 표현하면 이런 것, 즉 "가치는 가치에 의해 결정된다"라는 것이 되며, 이 동어반복이 뜻하는 것은 가치에 대해 사실상 전혀 아는 게 없다는 점이다. 이런 전제를 받아들인다면, 정치경제학의 일반적 법칙들에 관한 모든 논증이라는 것은 그저 쓸데없는 소리인 것이 되고 만다. 따라서 리카도가 1817년에 출판된 "**정치경제학의 원리들**"에 관한 자신의 저작에서 "임금이 가격을 결정한다"라는 오래되고 통속적이며 진부한 그릇된 생각을 근본적으로 없애 버린 것은 위대한 공적이었는데, 애덤 스미스와 그에 앞선 프랑스인들은 자신의 연구에서 진정으로 과학적인 부분에서는 그 그릇된 생각을 일축한 바 있지만 좀 더 평범하고 속류적인 장章들에서는 그 그릇된 생각을 재연했던 것이다.

VI. [가치와 노동]

회원 여러분, 이제 문제를 실제로 진전시키기 시작해야 하는 지점에 도달했다. 나는 이 일을 매우 만족할 만하게 진행하겠다고 약속할 수가 없는데, 그 이유는 그러려면 정치경제학이라는 분야 전체를 가로지를 수밖에 없기 때문이다. 나는 프랑스인들이 말하곤 하는 "effleurer la question," 즉 요점 건드리기밖에 할 수가 없다. 우리가 제기해야 하는 첫 번째 질문은 이런 것이다. 상품의 가치란 무엇인가? 상품의 가치는 어떻게 결정되는가?

얼핏 보면, 상품의 가치는 대단히 **상대적**인 것이고 하나의 상품을 다른 모든 상품과의 관계에 놓고 고찰하지 않으면 정할 수 없는 것처럼 보일 것이다. 사실, 가치에 대해 말할 때, 즉 어떤 상품이 교환될 때의 가치에 대해 말할 때, 그것이 뜻하는 것은 다른 모든 상품과 교환되는 양적 비율이다. 그렇다고 한다면 이런 질문이 생긴다. 상품이 서로 교환되는 비율은 어떻게 규제되는가?

경험상 우리는 그 비율이 무한히 달라진다는 것을 알고 있다. 단 하나의 상품, 예컨대 밀을 보아도, 우리는 밀 1쿼터가 다른 상품들과 교환되는 비율이 거의 셀 수 없을 정도로 달라진다는 것을 발견하게 될 것이다. 하지만 비단으로 표현되든, 금으로 표현되든, 아니면 그 밖의 어떤 상품으로 표현되든, **밀 1쿼터의 가치는 언제나 여전히 동일한 것**이므로, 밀 1쿼터의 가치는 다른 품목들에 대한 이러한 **다른 교환 비율들**과는 구별되며 그것들로부터 독립적인 어떤 것이어야 한다. 이러한 다양한 상품과의 다양한 등식을 매우 다른 형태로 표현하는 것이 가능해야 한다.

게다가, 내가 밀 1쿼터가 철과 특정한 비율로 교환된다고 말한다거나 밀 1쿼터의 가치가 특정한 분량의 철로 표현된다고 말한다면, 나는 밀의 가치와 철이라는 모습을 하고 있는 그것의 등가물이 밀도 아니고 철도 아닌 **어떤 제삼의 것**과 같다고 말하는 것인데, 왜냐하면 나는 밀과 철이 동일한 크기를 두 개의 다른 꼴로 표현하고 있다고 가정하기 때문이다. 따라서 그것들 가운데 어떤 것도, 즉 밀이든 철이든, 상대방과는 독립적으로 그것들의 공통의 척도인 이 제삼의 것으로 환원될 수 있어야 한다.

이 점을 분명히 하기 위해 나는 기하학과 관련된 매우 단순한 예증으로 돌아가려 한다. 있을 수 있는 모든 형태와 크기의 삼각형들의 면적을 비교하거나 삼각형을 직사각형이나 그 밖의 어떤 직선형과 비교할 때, 우리는 어떻게 하는가? 우리는 그 어떤 삼각형이든 그 면적을 그 가시적 형태와는 전혀 다른 표현으로 환원한다. 삼각형의 면적은 밑변과 높이의 곱의 절반과 같음을 삼각형의 성질에서 밝혀냈으므로, 이제 우리는 온갖 종류의 삼각형이 취하는 서로 다른 값을 비교할 수 있을 것이며, 그 어떤 직선형도 특정한 수의 삼각형으로 분해될 수 있을 것이므로 직선형의 값도 비교할 수 있을 것이다.

상품들의 가치에 대해서도 동일한 양식의 절차를 밟아야 한다. 상품들 모두를 모두에게 공통되는 표현으로 환원하고 바로 그 척도를 담고 있는 비율로만 그 상품들을 구별할 수 있어야 한다.

상품의 **교환가치**란 그 물건의 **사회적 기능**일 뿐이고 그 **자연적** 질과는 전혀 관계가 없으므로, 우리는 먼저 이렇게 물어야 한다. 모든 상품에 공통된 **사회적 실체**는 무엇인가? **노동**이다. 상품을 생산하려면 특정한 노동량을 그 상품에 들이거나 투입해야 한다. 그런데 내가 말하는 것은 그저 **노동**인 것이 아니라 **사회적 노동**이다. 어떤 품목을 자기 자신이 직접 사용하기 위해, 자신이 소비하기 위해 생산하는 사람이라면 **생산물**을 창조하는 것이지 **상품**을 창조하는 것이 아니다. 그 사람은 자급자족하는 생산자로서 사회와는 아무 관계가 없다. 그러나 **상품**을 생산하려면, 인간은 어떤 **사회적** 욕구를 충족하는 품목을 생산해야 할 뿐만 아니라 그의 노동 자체가 사회가 지출하는 노동의 총계에 반드시 포함되어야 하는 부분을 이루어야 한다. 인간의 노동은 '**사회 내부의 분업**'에 종속되어야 한다. 인간의 노동은 다른 분업이 없다면 아무것도 아니며, 그 편에서 보자면 다른 분업을 **보완할** 필요가 있다.

상품을 가치로 고찰한다면, 이는 상품을 **실현된**, **고정된**, 또는 여러분이 괜찮으시다면 **결정화**結晶化**된 사회적 노동**이라는 전적으로 단 하나의 측면에서만 고찰한다는 것이 된다. 이러한 측면에서 보자면 상품은 그것을 대표하는 노동의 양의 많고 적음에 좌우되어서만 **다를** 수 있어서, 예를 들면 비단 손수건 한 장에는 벽돌 한 장보다 더 많은 노동량이 투여되리라는 식이다. 그런데 **노동의 양**은 어떻게 측정하는가? **노동이 지속되는 시간**에 의해서, 즉 노동을 시간, 날짜 등등으로 측정함으로써 노동의 양을 측정한다. 물론 이 척도를 적용하기 위해, 온갖 종류의 노동은 그 단위인 평균노동 또는 단순노동으로 환원된다.

따라서 우리는 이러한 결론에 다다른다. 어떤 상품에 **가치**가 있는 것은 그 상품이 **사회적 노동의 결정체**結晶體이기 때문이라는 것이다. 어떤 상품의 가치 또는 **상대적** 가치의 **크기**는 그 상품에 담겨 있는 그 사회적 실체의 분량이 많고 적음에 좌우된다. 바꾸어 말하자면, 그 상품의 생산에 필요한 노동의 상대적 양에 좌우된다. 따라서 **상품의 상대적 가치**는 **그 상품에 투여되고 실현되고 고정된 노동의 각각의 양 또는 분량**에 의해 결정된다. **동일한 노동시간**에 생산될 수 있는 상품들 사이에 대응하는 **상관적** 양은 **같다**. 또는 어떤 상품의 가치가 다른 상품의 가치와 맺는 관계는 그 상품에 고정되어 있는 노동의 양과 그 다른 상품에 고정되어 있는 노동의 양이 맺는 관계와 같다.

여러분 가운데 이렇게 물을 사람이 많을 거라 생각한다. '그런데 사실 상품의 가치가 **임금**에 의해 결정된다는 것과 상품의 가치가 그 상품의 생산에 필요한 **노동의 상대적 양**에 의해 결정된다는 것 사이에 그처럼 큰 차이가 있는가, 아니 도대체 차이가 있기는 한 것인가?' 하지만 여러분은 노동에 대한 **보수**와 노동의 **양**은 전혀 별개의 것임을 알고 있어야 한다. 예를 들면 밀 1쿼터와 금 1온스에 **같은 양의 노동**이 고정되어 있다고 가정해 보

자. 내가 이 예에 의지하는 것은 **벤저민 프랭클린**이 1721년에 출판된 『**지폐의 본성과 필요에 관한 소소한 탐구**』라는 제목의 자신의 첫 시론에서 이 예를 사용했기 때문인데, 프랭클린은 그 저작에서 최초의 인물 가운데 하나로서 가치의 본성을 밝혀냈다.[27] 그러면 밀 1쿼터와 금 1온스는 같은 **가치**라고 또는 **등가물**이라고 가정하겠는데, 왜냐하면 그 둘은 **같은 평균노동량의 결정체**, 즉 그것들에 각각 고정되어 있는 이러저러한 수의 날이나 이러저러한 수의 주의 노동의 **결정체**이기 때문이다. 금과 곡물의 상대적 가치를 이처럼 결정하면서 어떤 식으로든 농업 노동자와 광산 노동자의 **임금**을 참조하는가? 전혀 그렇지 않다. 그들의 하루 노동 또는 한 주 노동에 대해 **얼마나** 지불되었는지를, 아니 심지어 임금노동이 도대체 고용되었는지 여부조차도 전혀 **확정되지 않은 것**으로 둔다. 임금노동이 고용되었다면 임금이 매우 불균등할 수도 있다. 자신의 노동이 밀 1쿼터에 실현된 노동자는 밀 2부셸만 받을 수도 있고, 채굴에 고용된 노동자는 금 1/2온스를 받을 수도 있다. 아니면 그들의 임금이 균등하다고 가정하더라도, 그 임금은 그들이 생산하는 상품의 가치로부터 있을 수 있는 온갖 비율로 벗어날 수도 있다. 임금은 곡물 1쿼터나 금 1온스의 1/4, 1/5, 또는 그 밖의 어떤 일부에 달할 수도 있다. 물론 그들의 **임금**은 그들이 생산한 상품의 가치를 **초과**할 수 없고 그보다 많을 수는 없지만, 있을 수 있는 온갖 정도로 그보다 **적을** 수는 있다. 그들의 **임금**은 생산물의 **가치**에 의해 **제한**될 것이지만, **그들의 생산물의 가치**는 임금에 의해 제한되지 않을 것이다. 그리고 무엇보다도 가치, 예를 들면 곡물과 금의 상대적 가치

는 사용된 노동의 가치가 어떠하든 관계없이, 바꾸어 말하자면 **임금**과 관계없이 정해져 있을 것이다. 따라서 상품의 가치를 **상품에 고정되어 있는 노동의 상대적 양**에 의해 결정한다는 것은 상품의 가치를 노동의 가치에 의해, 또는 **임금**에 의해 결정한다는 동어반복적 방법과는 완전히 다른 것이다. 하지만 이 점은 우리의 탐구가 진전되면서 더 분명해 질 것이다.

어떤 상품의 교환가치를 계산할 때 우리는 **마지막으로** 사용된 노동의 양에 **그에 앞서** 상품의 원료에 투여된 노동의 양과 그러한 노동을 거드는 기구, 공구, 기계장치, 건물 따위에 들인 노동을 더해야 한다. 예를 들면, 무명실 특정한 분량의 가치는 방적과정 동안 솜에 더해진 노동의 양, 그에 앞서 솜 자체에 실현되어 있는 노동의 양, 사용된 석탄과 기름과 그 밖의 보조재에 실현되어 있는 노동의 양, 증기기관, 방추, 공장 건물 등등에 고정되어 있는 노동의 양 따위의 결정체다. 공구, 기계장치, 건물과 같은 이른바 본래의 의미에서의 생산도구는 반복되는 생산과정 동안 기간이 길고 짧음은 있어도 되풀이해서 쓰인다. 원료처럼 한 번에 다 써 버리는 생산도구라면 그것들이 생산을 거든 상품으로 그 가치 전체가 한 번에 이전될 것이다. 그러나 예를 들어 방추는 점차적으로만 다 써 버리는 것이므로, 평균 내구 기간과 예컨대 하루와 같은 특정한 시기 동안의 평균 소모와 마모를 토대로 삼아 평균을 계산하게 된다. 이런 식으로 우리는 하루에 방적되는 실로 방추 가치가 얼마나 많이 이전되는지, 따라서 예를 들면 실 1파운드에 실현되어 있는 노동 총합계 가운데 얼마나 많은 것이 그에 앞서 방추에 실현되어 있는 노동의 양에서 비롯된 것인지 계산하게 된다. 우리의 현재의 목적을 위해서는 이 점을 길게 다룰 필요가 더 이상 없다.

상품의 가치가 **그 상품의 생산에 들인 노동의 양**에 의해 결정된다면 게으른 사람이거나 어설픈 사람일수록 상품을 완성하는 데 더 많은 노동시간이 필요하기 때문에 그런 사람의 상품에는 가치가 더 많다고 보일지도 모른다. 하지만 그렇게 생각한다면 어이없는 잘못이다. 여러분은 내가 "**사회적** 노동"이라는 단어를 사용했다는 것을 기억할 것이며, 이 "**사회적**"이라는 제한조건에는 많은 사항이 연루되어 있다. 어떤 상품의 가치는 그 상품에 투여되거나 결정화된 **노동의 양**에 의해 결정된다고 말하면서 우리가 의미하는 것은 주어진 사회 상태에서, 특정한 사회적 평균 생산 조건에서, 주어진 사회적 평균 강도로, 사용된 노동이 평균 숙련일 때 그 상품의 생산에 **필요한 노동의 양**이다. 영국에서 역직기가 수직기와 경쟁하게 됐을 때, 주어진 분량의 실을 면직물이나 천 1야드로 전환하는 데는 예전 노동시간의 절반만 필요하게 됐다. 가련한 수직기 직공은 전에는 하루에 9시간이나 10시간 일했던 것과는 달리 이제 17시간이나 18시간 일하게 됐다. 그래도 그의 20시간 노동의 생산물은 이제 10시간의 사회적 노동, 또는 특정한 분량의 실을 옷감으로 전환하는 데 필요한 10시간 노동만을 대표했다. 따라서 그의 20시간 생산물에는 예전 10시간 생산물보다 더 많은 가치가 있는 것이 아니다.

그런데 상품에 실현되어 있는 사회적으로 필요한 노동의 양이 그 상품의 교환가치를 규제한다면, 상품을 생산하는 데 필요한 노동의 양이 증가할 때마다 그 상품의 가치는 올라가지 않을 수 없으며 그 노동의 양이 축소될 때마다 가치는 내려가지 않을 수 없다.

각각의 상품의 생산에 필요한 각각의 노동의 양이 불변인 채로 있다면, 그 상품들의 상대적 가치 또한 불변일 것이다. 그러나 그런 경우는 없다. 어떤 상품의 생산에 필요한 노동의 양은 사용된 노동의 생산력의 변화와 함께 계속 변화한다. 노동생산력이 높을수록 주어진 노동시간에 완성되는 생산고는 많으며, 노동생산력이 낮을수록 동일한 시간에 완성되는 생산고는 적다. 예를 들어 인구가 증가하면서 덜 비옥한 토양도 경작하는 것이 필요해지면, 소비되는 노동량이 더 많아야만 동일한 생산량을 얻을 수 있을 것이며, 결과적으로 농산물의 가치는 상승할 것이다. 다른 한편, 현대적 생산수단으로 1노동일 동안 방적 노동자 단 한 명이 실로 전환할 수 있는 솜 분량이 방적기로 동일한 시간 동안 방적할 수 있었던 솜 분량의 몇 천배라면, 솜 1파운드마다 흡수하게 될 방적 노동은 예전에 비해 몇 천배 적을 것이며 결과적으로 방적에 의해 솜 1파운드마다 더해지는 가치는 예전에 비해 몇 천배 적을 것이 분명하다. 따라서 실의 가치는 하락할 것이다.

국민마다 다른 천연 에너지와 후천적 작업 능력을 논외로 한다면, 노동생산력은 주로 다음과 같은 것들에 좌우될 것이 틀림없다.

첫째. 토양, 광산 등등의 비옥도와 같은 **자연적** 노동조건.

둘째. '**노동의 사회적 힘들**'의 누진적 개선. 이때 노동의 사회적 힘들은 대규모 생산, 자본집중과 노동의 단합, 노동의 세분,

기계장치, 개선된 방법, 화학적 힘 및 그 밖의 자연력의 응용, 통신수단과 교통수단에 의한 시간과 공간의 단축, 과학으로 하여금 자연력이 노동을 거들도록 압력을 넣고 또 노동의 사회적 또는 협업적 성격을 발전시키게 하는 그 밖의 모든 장치 따위에서 생긴다. 노동생산력이 높을수록, 주어진 생산량에 들이는 노동은 적어지고, 그에 따라 생산고의 가치는 적어진다. 노동생산력이 낮을수록, 동일한 생산량에 들이는 노동은 많아지고, 그리하여 그 가치는 커진다. 따라서 우리는 다음과 같은 것을 일반적 법칙으로 본다.

상품의 가치는 그 상품의 생산에 사용된 노동시간에 정비례하고 사용된 노동의 생산력에 반비례한다.

지금까지는 '**가치**'에 대해서만 말해 왔지만, '**가격**'에 대해 몇 마디 덧붙이겠는데, 가격이란 가치가 취하는 독특한 형태다.

가격은 그 자체로 보자면 **가치의 화폐적 표현**일 뿐이다. 예를 들면 이 나라의 모든 상품의 가치는 금 가격으로 표현되는 반면에, 대륙에서는 모든 상품의 가치가 주로 은 가격으로 표현된다. 금이나 은의 가치는 다른 모든 상품의 가치처럼 그것들을 얻는 데 필요한 노동의 양에 의해 규제된다. 여러분은 특정한 분량의 여러분 국민 노동이 결정화되어 있는 특정한 분량의 여러분의 국민생산을 **금과 은을 생산하는 나라**의 특정한 양의 노동이 결정화되어 있는 생산물과 교환한다. 여러분이 모든 상품의 가치, 즉 상품에 들인 노동의 각각의 양을 금과 은으로 표현하는 것을 배우게 되는 것은 바로 이런 방식, 즉 물물교환을 통해서다. **가치의 화폐적 표현**, 또는 매한가지지만 가치의 가격으로의 전환을 좀 더 자세히 들여다보면, 여러분은 그것이 모든 상품의 **가치**에 **독립적**이고 **동질적인 형태**를 부여하는 과정, 또는 모든 상품의 가치를 **같은** 사회적 노동의 양으로 표현하는 과정임을 알게 될 것이다. 가격이 가치의 화폐적 표현에 지나지 않는 한, 그것을 애덤 스미스는 **자연가격**이라고 불렀고 프랑스 중농주의자들은 "**필요가격**prix necessaire"이라고 불렀다.

그러면 **가치**와 **시장가격**의 관계, 또는 **자연가격**과 **시장가격**의 관계는 무엇인가? 여러분 모두 알고 있듯이, 개별 생산자마다 생산 조건이 다를지라도 **시장가격**은 동일한 종류의 모든 상품에 대해 **똑같다**. 시장가격은 평균적 생산 조건에서 특정한 수량의 특정한 품목을 시장에 공급하는 데 필요한 **사회적 노동의 평균량**을 표현할 뿐이다. 시장가격은 특정한 부류의 상품 더미 전체를 놓고 계산한다.

그런 한에서 상품의 **시장가격**은 그 **가치**와 일치한다. 다른 한편, 때로는 가치나 자연가격 이상으로 상승하고 때로는 그 이하로 하락하는 시장가격의 진동은 공급과 수요의 요동에 좌우된다. 시장가격이 가치로부터 벗어나는 일은 계속 일어나지만, 애덤 스미스는 다음과 같이 말하고 있다.

"자연가격은 …… 상품 가격이 계속 끌려들어가는 중심이 되는 가격이다. 서로 다른 사건들로 인해, 상품 가격은 때로는 그 중심이 되는 가격보다 매우 높게 유지될 수도 있고 때로는 강제로 그보다 좀 낮게 되기도 한다. 그러나 상품 가격이 평온과 지속의 이러한 중심으로 정해지지 못하도록 하는 걸림돌이 무엇이든, 상품 가격에는 이 중심이 되는 가격을 향하는 경향이 늘 있다"[28]

지금 이 사안을 상세히 검토할 수는 없다. 공급과 수요가 서로 균형을 이룬**다면** 상품의 시장가격은 자연가격에, 바꾸어 말하자면 그 상품의 생산에 필요한 노동의 각각의 양에 의해 결정되는 가치에 조응할 것이라고 말하는 것으로 충분하다. 그런데 비록 하나의 요동이 다른 요동에 의해, 즉 상승이 하락에 의해 벌충되고 또 그 역으로 하락이 상승에 의해 벌충됨으로써만 그러긴 하다 해도, 공급과 수요에는 서로 균형을 이루는 경향이 늘 있을 **수밖에 없다**. 하루하루의 요동만을 고려하는 것이 아니라 예를 들면 투크 씨가 『가격의 역사』에서 한 것처럼 더 장기간의 시장가격 운동을 분석한다면, 여러분은 시장가격의 요동, 시장가격이 가치에서 벗어나는 일, 시장가격의 오르내림 따위는 서로 마비를 일으키고 벌충한다는 것을, 그러므로 독점의 효과라든지 여기서는 지나칠 수밖에 없는 몇몇 그 밖의 수정 사항을 논외로 한다면 모든 부류의 상품은 평균적으로 그 각각의 **가치** 또는 자연가격에 판매된다는 것을 알게 될 것이다. 시장가격의 요동이 서로를 벌충하는 평균적 기간은 상품 종류가 다름에 따라 다른데, 그 이유는 어떤 상품 종류는 다른 상품 종류에 비해 공급을 수요에 적응시키는 것이 더 쉽기 때문이다.

개략적으로 말하고 좀 장기간을 포괄해 보면 모든 부류의 상품이 각각의 가치에 판매된다고 할 때, 개별적 경우의 이윤이 아닌 서로 다른 업종의 불변적이고 상시적인 이윤이 상품 가격보다 폭리를 취하는 것에서, 즉 상품을 그 **가치** 이상으로 비싸게 판매하는 것에서 기인한다고 가정하는 것은 당찮은 일이다. 이런 관념이 터무니없이 어리석은 것임은 그 관념을 일반화해 보면 분명해 진다. 그 어떤 사람도 판매자로서는 늘 이득을 보면서 구매자로서는 늘 손해를 볼 것이다. 판매자이지는 않고 구매자인 사람, 또는 생산자이지는 않고 소비자인 사람이 있다고 말해 보아야 소용이 없을 것이다. 그런 사람이 생산자에게 지불하는 것은 그가 먼저 생산자에게서 아무 대가 없이 얻지 않으면 안 된다. 어떤 사람이 먼저 여러분의 화폐를 가져가고 나중에 여러분의 상품을 구매하면서 그 화폐를 돌려준다면, 여러분은 바로 그 사람에게 여러분의 상품을 아무리 비싸게 판매한다 해도 부유해질 수가 없을 것이다. 이런 종류의 거래는 손해를 줄일 수 있을지는 모르지만 이윤을 실현하는 데는 전혀 도움이 되지 않을 것이다.

따라서 **이윤의 일반적 본성**을 설명하려면, 다음과 같은 정리, 즉 평균적으로 볼 때 상품은 **실제 가치에 판매**된다는 정리와 **이윤은 상품을 그 가치에 판매하는 것에서 생긴다**는, 즉 상품에 실현된 노동의 양에 비례하여 판매하는 것에서 생긴다는 정리에서 출발해야 한다. 이 가정에 근거하여 이윤을 설명할 수 없다면, 이윤을 전혀 설명할 수 없는 것이다. 이는 역설처럼 보이고 일상적 관찰에 어긋나는 것처럼 보인다. 지구가 태양 둘레를 돈다는 것과 물이 아주 연소되기 쉬운 가스 두 가지로 이루어져 있다는 것도 마찬가지로 역설이다. 과학적 진리는 일상적 경험으로 판단하면 언제나 역설이며, 그런 일상적 경험은 착각을 일으키게 하는 사물의 겉모습만 포착한다.

Ⅶ. 노동력

지금까지 엉성하게나마 가능한 한에서 **'가치'**의 본성, **그 어떤 것이든 상품의 '가치'**의 본성이라는 것을 분석했으니, 우리의 주의를 **'노동'의 '가치'**라는 특유한 것으로 돌려야 한다. 그리고 여기서 다시 나는 언뜻 보기에 역설인 이야기로 여러분을 흠칫 놀라게 하지 않을 수 없다. 사람들이 날마다 판매하는 것은 그들의 '노동'이라는 점, 따라서 '노동'에 가격이 있다는 점, 또한 어떤 상품의 가격이란 그 가치의 화폐적 표현이므로 **'노동'의 '가치'** 같은 것이 틀림없이 존재해야 한다는 점 따위를 여러분 모두 확실하다고 느낀다. 하지만 통상적으로 받아들이게 되는 어휘인 **'노동'의 '가치'**와 같은 것은 존재하지 않는다. 우리가 보았다시피, 어떤 상품에 결정화結晶化되어 있는 필요한 노동량이 그 상품의 가치를 이룬다. 자, 이런 가치 관념을 적용한다면, 예컨대 10시간 노동일의 가치는 어떻게 정할 수 있을까? 그 노동일에는 얼마나 많은 노동이 담겨 있을까? 10시간의 노동이 담겨 있다. 10시간 노동일의 가치는 10시간 노동과 같다고, 또는 10시간 노동일에 담겨 있는 노동의 양과 같다고 말한다면, 그것은 동어반복이 될 것이며, 나아가서는 당찮은 표현이 될 것이다. 물론 "**'노동'의 '가치'**"라는 표현의 참된, 하지만 감추어진 의미를 일단 발견했다면, 우리는 가치를 이처럼 불합리하고 언뜻 보기에 불가능하게 적용하는 것을 해석할 수 있을 것인데, 이는 우리가 천체의 실제 운동을 일단 확실히 알게 됐다면 천체의 시운동視運動 또는 그저 현상적일 뿐인 운동을 설명할 수 있게 되는 것과 같은 것이다.

노동자가 판매하는 것은 그의 '**노동**' 자체가 아니라 그의 '**노동력**'이며, 노동자는 자신의 노동력을 일시적으로 처분할 권리를 자본가에게 넘기는 것이다. 그렇기 때문에, 영국의 법이 어떤지는 모르겠으나 대륙의 몇몇 법은 틀림없이, 노동력을 판매하도록 허용하는 **최대 시간**을 고정해 둔 것이다.[29] 무한정한 기간 동안 노동력을 판매하도록 허용한다면, 노예 상태가 즉각적으로 복구될 것이다. 노동력의 판매가 예를 들어 노동자의 일생에 걸쳐 이루어진다면, 그는 즉시 고용주의 종신 노예가 될 것이다.

영국의 가장 오래된 경제학자이자 가장 독창적인 철학자 가운데 한 사람 — 토머스 홉스 — 은 자신의 후계자 모두 간과했던 이러한 점을 이미 자신의 저서 『리바이어던』에서 본능적으로 떠올린 바 있다. 홉스는 이렇게 말한다. "**사람의 가치 또는 값어치**란, 다른 모든 것이 그렇듯, 그 사람의 **가격**, 요컨대 **그의 힘을 사용한 것**에 대한 대가로 주어지는 만큼이다."[30] 이러한 점을 토대로 삼아 진행한다면, 우리는 다른 모든 상품의 가치처럼 '**노동**'의 '**가치**'를 결정할 수 있게 될 것이다.

그러나 그렇게 하기에 앞서, 이런 것들을 물을 수도 있다. 시장에서 토지, 기계장치, 원료, 생활수단 따위를 보유하고 있는, 즉 미개간 상태의 토지를 제외하고는 모두 **노동의 생산물**인 것을 보유하고 있는 일단의 구매자를 보게 되는 한편 자신의 노동력, 일하는 팔과 두뇌를 제외하고는 판매할 것이 아무것도 없는 일단의 판매자를 보게 되는 이러한 기이한 현상은 어떻게 생기는 것일까? 한 집단은 이윤을 얻고 부유해지기 위해 계속 구매하는 반면에 다른 집단은 생계를 잇기 위해 계속 판매하게 되는 이러한 기이한 현상은 어떻게 생기는 것일까? 이 문제에 대한 탐구는 경제학자들이 "'**선행하는 축적**' 또는 '**본원적 축적**'"이라 부르지만 '**본원적 수탈**'이라 불러야 마땅한 어떤 것에 대한 탐구가 될 것이다. 이러한 이른바 '**본원적 축적**'이 의미하는 것이란 '노동하는 사람'과 그의 '노동 도구' 사이에 존재하고 있던 '**본원적 결합의 분해**'라는 결과로 끝나는 일련의 역사적 과정일 뿐임을 우리는 알게 될 것이다. 하지만 그러한 탐구는 지금 다루는 주제의 울타리를 넘어서는 것이다. '노동하는 사람'과 '노동 도구' 사이에 일단 **분리**가 확립되면, 그러한 상태는 생산방식에 새롭고도 근본적인 혁명이 일어나 그 분리를 다시 뒤집어엎고 본원적 결합을 새로운 역사적 형태로 복구할 때까지는 유지될 것이고 늘 증가하는 규모로 재생산될 것이다.

그러면 '**노동력의 가치**'란 무엇인가?

그 밖의 모든 상품의 가치와 마찬가지로, 노동력의 가치는 그것을 생산하는 데 필요한 노동의 양에 의해 결정된다. 인간 노동력은 그 인간의 살아 있는 개체에만 존재한다. 자라고 생활을 유지하려면 인간은 특정한 수량의 필수품을 소비해야 한다. 그러나 인간은 기계처럼 닳아 없어질 것이므로 다른 인간으로 대체되어야 한다. **자기 자신**의 유지에 필요한 수량의 필수품 이외에도, 노동시장에서 자신을 대체하고 노동자 종족을 영속하게 할 특정한 수의 아이들을 기를 또 다른 분량의 필수품이 필요한 것이다. 그런 데다가, 자신의 노동력을 계발하고 주어진 숙련을 습득하려면, 또 다른 분량의 가치를 소비해야 한다. 우리의 목적을 위해서는, 교육과 계발의 비용이 얼마 되지 않는 **평균**노동만 고려해도 충분하다. 하지만 이 기회를 빌려 말해 두어야 할 것이 있다. 노동력의 질이 다름에 따라 노동력을 생산하는 비용이 다르듯이, 업종이 다름에 따라 업종에 사용된 노동력의 가치도 다르다는 것이다. 따라서 **균등한 임금**을 외치는 것은 잘못에 의거하는 것이며, 절대로 이루어질 수 없는 공허한 바람이다.[31] 그것은 전제를 받아들이고는 결론을 회피하려 하는 그릇되고 피상적인 급진주의의 소산이다. 임금제도라는 토대에서 노동력의 가치는 그 밖의 모든 상품의 가치와 마찬가지로 정해진다. 그리고 다른 종류의 노동력에는 다른 가치가 있으므로, 또는 다른 종류의 노동력을 생산하기 위해서는 다른 양의 노동이 필요하므로, 그런 노동력들은 노동시장에서 다른 가격에 팔리지 **않을 수 없다**. 임금제도라는 토대에서 **균등한 보수 또는 심지어 공평한 보수**를 떠들썩하게 요구하는 것은 노예제도라는 토대에서 **자유**를 떠들썩하게 요구하는 것과 똑같다. 여러분이 무엇을 정당하다거나 공평하다고 생각하는지는 논외의 문제다. 문제는 이런 것이다. 주어진 생산 제도에 필연적이며 불가피한 것은 무엇인가? 이제까지 논의된 것이 있으니 알게 되듯이, **노동력의 가치**는 노동력을 생산하고 계발하고 유지하고 영속하게 하는 데 필요한 **필수품의 가치**에 의해 결정된다.

이제 어떤 노동하는 사람의 하루 필수품 평균량을 생산하는 데 **6시간의 평균노동**이 필요하다고 가정하자. 또한 6시간의 평균노동이 3실링과 같은 양의 금에 실현되어 있다고도 가정하자. 그러면 3실링은 그 사람의 '**노동력**'의 '**가격**' 또는 '**노동력**'의 '**하루 가치**'의 화폐적 표현이 될 것이다. 그 사람이 하루에 6시간 노동한다면, 그 사람은 자신의 하루 필수품 평균량을 구매하는 데 충분한 가치, 또는 자신을 노동하는 사람으로 유지하는 데 충분한 가치를 하루에 생산하는 셈이 될 것이다.

그런데 우리가 말하고 있는 이 사람은 임금노동자다. 따라서 자신의 노동력을 자본가에게 판매하지 않을 수 없다. 그 사람이 자신의 노동력을 하루 3실링에, 또는 한 주 18실링에 판매한다면, 가치에 판매하는 것이다. 그 사람이 방적 노동자라고 가정하자. 하루 6시간 노동한다면 3실링의 가치를 솜에 더할 것이다. 그가 하루에 더하는 이 가치는 그가 하루에 받는 임금, 즉 그의 노동력의 가격의 정확한 등가물일 것이다. 그러나 이런 경우에는 그 어떤 **잉여가치**나 **잉여생산물**도 자본가에게 가지 **않을 것**이다. 그러면 여기서 우리는 난관에 부딪히게 된다.

자본가는 노동자의 노동력을 구매하고 그 가치를 지불함으로써 그 밖의 모든 구매자가 그렇듯 구매한 상품을 소비하거나 사용할 권리를 얻어 두었다. 기계를 작동하면서 기계를 소비하거나 사용하듯, 인간을 노동하게 하면서 인간 노동력을 소비하거나 사용한다. 따라서 자본가는 노동자의 노동력의 하루 가치나 한 주 가치를 지불함으로써 그 노동력을 **하루나 한 주 내내** 사용하거나 노동하게 만들 권리를 얻어 둔 것이다. 물론 노동일勞動日이나 노동주勞動週에는 특정한 한계가 있지만, 이에 대해서는 나중에 더 자세히 보기로 하자.

당장은 여러분의 주의를 결정적 지점 하나에 돌리고자 한다.

노동력의 **가치**는 노동력을 유지하거나 재생산하는 데 필요한 노동의 양에 의해 결정되지만, 그 노동력의 **사용**을 제한하는 것은 노동자의 활동적 에너지와 체력뿐이다. 노동력의 하루 또는 한 주 **가치**는 그 힘의 하루 또는 한 주 실행과는 완전히 구별되는 것인데, 이는 말 한 필이 원하는 사료가 그 말이 기수를 태우고 다니는 시간과 완전히 구별되는 것과 똑같다. 노동자의 노동력의 **가치**를 제한하는 노동의 양이 노동자의 노동력이 수행할 노동의 양의 한계를 이루는 것은 절대로 아니다. 우리의 방적 노동자를 예로 들어 보자. 우리가 보았다시피, 그가 날마다 자신의 노동력을 재생산하려면 그는 날마다 3실링의 가치를 재생산해야 하며, 매일 6시간을 노동함으로써 그렇게 할 것이다. 그러나 그렇다고 해서 그가 하루에 10시간이나 12시간 또는 그 이상의 시간을 노동하지 못하는 것은 아니다. 그런데 자본가는 방적 노동자의 노동력의 하루 또는 한 주 **가치**를 지불함으로써 **하루 또는 한 주 내내** 그 노동력을 사용할 권리를 얻어 두었다. 따라서 자본가는 노동자를 하루 동안, 예컨대 **12시간** 노동하게 만들 것이다. 따라서 노동자는 자신의 임금, 즉 자신의 노동력의 가치를 대체하는 데 필요한 6시간에 **덧붙여 또 다른 6시간**을 노동해야 할 것이다. 나는 이 또 다른 6시간을 **잉여노동**시간이라 부를 것인데, 잉여노동시간의 잉여노동은 **잉여가치**와 **잉여생산물**에 실현될 것이다. 우리의 방적 노동자가 예를 들어 6시간 하루 노동으로 솜에 3실링의 가치, 즉 임금의 정확한 등가물을 이루는 가치를 더했다면, 12시간에는 솜에 6실링 값어치를 더할 것이며, **그에 비례하는 잉여 실**을 생산할 것이다. 방적 노동자는 자신의 노동력을 자본가에게 판매해 버렸으므로, 그가 창조한 가치나 생산고 전체는 자본가의 것, 즉 방적 노동자의 노동력의 **임시** 소유자의 것이다. 따라서 자본가는 3실링을 선지급함으로써 6실링의 가치를 실현할 것인데, 왜냐하면 6시간 노동이 결정화되어 있는 가치를 선지급함으로써 그에 대한 답례로 12시간 노동이 결정화되어 있는 가치를 받을 것이기 때문이다. 이러한 동일한 과정을 날마다 반복함으로써, 자본가는 날마다 3실링을 선지급하고 날마다 6실링을 호주머니에 넣을 것이며, 그 가운데 절반은 새로이 임금을 지불하는 데로 갈 것이고 다른 절반은 자본가가 아무런 등가물도 지불하지 않는 **잉여가치**를 이룰 것이다. 자본주의적 생산 또는 임금제도가 근거로 삼고 있는 것은 바로 **이런 종류의 자본과 노동 사이의 교환**이며, 이런 교환은 늘 노동자를 노동자로 재생산하고 자본가를 자본가로 재생산하는 결과로 끝날 수밖에 없다.

다른 모든 상황이 여전히 동일하다면, **잉여가치율**은 노동일 가운데 노동력의 가치를 재생산하는 데 필요한 부분과 자본가를 위해 수행되는 **잉여시간** 또는 **잉여노동** 사이의 비율에 좌우될 것이다. 따라서 잉여가치율은 노동자가 자신의 노동력의 가치만 재생산하려고, 즉 자신의 임금만 대체하려고 노동하는 **정도**

에 덧붙여 노동일이 연장되는 비율에 좌우될 것이다.

IX. 노동의 가치

우리는 이제 "**'노동'의 '가치' 또는 '가격'**"이라는 표현으로 돌아가야 한다.

이미 보았다시피, 사실상 그 표현은 노동력의 유지에 필요한 상품의 가치로 측정된 노동력의 가치일 뿐이다. 그러나 노동자는 자신의 노동이 수행된 **뒤에** 임금을 받으므로, 게다가 노동자는 자신이 실제로 자본가에게 주는 것이 자신의 노동이라고 알고 있으므로, **노동자의 노동력의 가치** 또는 **가격**은 그에게는 필연적으로 자신의 노동 자체의 가격 또는 가치로 보인다. 노동자의 노동력의 가격이 6시간 노동이 실현되어 있는 3실링이라면, 그리고 노동자가 12시간 노동한다면, 이 12시간 노동이 6실링의 가치에 실현됨에도 그는 필연적으로 이 3실링을 12시간 노동의 가치 또는 가격이라고 여기게 된다. 이로부터 두 가지 결론이 나온다.

첫째. 엄밀히 말하자면 노동의 가치와 가격은 무의미한 용어임에도, **노동력의 가치 또는 가격**은 **노동 자체의 가격 또는 가치**라는 외양을 띤다.

둘째. 노동자의 하루 노동 가운데 한 부분만 **지불**되고 다른 부분은 **지불되지 않으며** 게다가 그 지불되지 않는 노동 또는 잉여노동이 정확히 **잉여가치**나 **이윤**을 형성하는 기금을 이룸에도, 총노동이 지불되는 노동인 듯 보인다.

이러한 그릇된 겉모습으로 인해 **임금노동**은 노동의 그 밖의 **역사적** 형태와 구별된다. 임금제도라는 토대에서는 **지불되지 않는** 노동조차 **지불되는** 노동인 듯 보인다. **노예**를 보자면 그러기는커녕, 노동 가운데 지불되는 부분조차 지불되지 않는 것처럼 보인다. 물론 노예는 노동하려면 살아야 하고, 노예의 노동일 가운데 한 부분은 자기 자신의 유지비의 가치를 대체하는 데 쓰여야 한다. 그러나 노예와 주인 사이에는 어떤 약정도 맺어지지 않았으므로, 그리고 당사자 둘 사이에는 어떠한 매매 행위도 이루어지지 않았으므로, 노예의 모든 노동은 아무 대가 없이 주어지는 것처럼 보인다.

다른 한편, 어제까지도 유럽 동부 전체에 존재했다고 해도 좋을 농노를 보자. 이 농민은 예를 들면 자기 자신의 경지나 자신에게 할당된 경지에서 자신을 위해 사흘 동안 노동했고, 그다음 사흘은 자기 영주의 영지에서 강제로 무상 노동을 수행했다. 그런데 여기서는 노동 가운데 지불되는 부분과 지불되지 않는 부분이 감각적으로 분리되어 있고, 시간과 공간에서 분리되어 있다. 그리고 우리의 자유주의자들은 아무 대가 없이 사람을 노동하게 만든다는 말도 안 되는 관념에 대해 의분이 넘쳤다.

하지만 사실, 한 주 가운데 사흘은 자기 자신의 경지에서 자기 자신을 위해 노동하고 사흘은 자기 영주의 영지에서 아무 대가 없이 노동하든, 공장이나 작업장에서 하루에 6시간은 자신을 위해 노동하고 6시간은 자신의 고용주를 위해 노동하든 매한가지다. 비록 후자의 경우에는 노동 가운데 지불되는 일부와 지불되지 않는 일부가 분리될 수 없게 서로 뒤섞여 있어서 **계약이라**

는 것이 개입한다는 점과 **급여**를 주말에 받는다는 점에 의해 거래 전체의 본성이 완전히 가려져 있긴 하지만, 전자든 후자든 매한가지다. 한 경우에는 무상 노동이 자발적으로 주어진 것으로 보이고 다른 경우에는 강제적인 것으로 보인다. 그것이 차이의 전부다.

"**노동의 가치**"라는 단어를 사용할 때 나는 그 단어를 그저 "**노동력의 가치**"에 해당하는 통속어로 사용할 뿐이다.

X. 이윤은 상품을 그 가치**에** 판매함으로써 남는다

평균노동 한 시간이 6페니와 같은 가치에 실현되어 있다고, 즉 평균노동 12시간이 6실링에 실현되어 있다고 가정하자. 더 나아가 노동의 가치가 3실링 또는 6시간 노동의 생산고라고 가정하자. 그런다고 한다면, 한 상품에 써 버린 원료와 기계장치 등등에 평균노동 24시간이 실현되어 있다면 그 상품의 가치는 12실링에 달할 것이다. 또한, 자본가에게 고용된 노동자가 이 생산수단에 12시간 노동을 더한다면, 이 12시간은 6실링이라는 더해지는 가치에 실현될 것이다. 따라서 **생산물의 전체 가치**는 실현된 노동 36시간에 달할 것이며 18실링과 같을 것이다. 그러나 노동의 가치 또는 노동자에게 지불되는 임금은 3실링일 뿐일 것이므로, 자본가는 노동자가 노동하여 상품의 가치에 실현된 잉여노동 6시간에 대해서는 등가물을 지불하지 않은 셈이 된다. 따라서 자본가는 이 상품을 그 가치인 18실링에 판매함으로써 3실링의 가치를 실현하게 될 것인데, 그 3실링에 대해서는 등가물이 지불되지 않는다. 이 3실링이 자본가가 호주머니에 넣는 잉여가치 또는 이윤을 이룰 것이다. 결과적으로 자본가가 이윤 3실링을 실현하는 것은 자신의 상품을 가치**를 넘어서는 그 이상의** 가격으로 판매함으로써가 아니라 **실제 가치**로 판매함으로써다.

어떤 상품의 가치는 그 상품에 담겨 있는 **노동 총량**에 의해 결정된다. 그러나 그 노동의 양의 일부는 임금 형태로 등가물이 지불되는 가치에 실현되어 있고, 일부는 **어떤** 등가물도 지불되지 **않는** 가치에 실현되어 있다. 상품에 담겨 있는 노동의 일부는 **지불되는** 노동이고 일부는 **지불되지 않는** 노동이다. 따라서 자본가는 상품을 **그 가치에**, 즉 그 상품에 들인 **노동 총량**의 결정체대로 판매함으로써 필연적으로 이윤을 남기고 그 상품을 판매하는 것이 틀림없다. 자본가는 자신이 비용으로 등가물을 들인 것만을 판매하는 것이 아니라 아무런 비용도 들이지 않은 것도 판매하는데, 비록 그의 노동자는 노동을 비용으로 들였지만 말이다. 자본가가 들인 상품의 비용과 상품의 실제 비용은 별개의 것이다.

따라서 반복하자면, 상품을 판매함으로써 남는 정상적이고 평균적인 이윤은 **상품의 실제 가치 이상으로** 판매함으로써가 아니라 **상품의 실제 가치에** 판매함으로써 생긴다.

XI. 잉여가치가 분해되는 서로 다른 부분들

잉여가치, 즉 상품의 전체 가치 가운데 노동자의 **잉여노동** 또는 **지불되지 않는 노동**이 실현되어 있는 부분을 나는 '**이윤**'이라고 부른다. 그 이윤 전체를 고용주인 자본가가 호주머니에 넣는 것은 아니다. 토지 독점은 지주가 그 **잉여가치** 가운데 한 부분을 **지대**라는 명칭으로 취할 수 있게 해 주는데, 토지가 농업용 건물이나 철도에 사용되든 아니면 그 밖의 어떤 생산적 목적을 위해 사용되든 그렇게 해 준다. 다른 한편, **노동 도구**를 보유하고 있음으로 인해 고용주인 자본가가 **잉여가치**를 생산할 수 있게 된다는 바로 그 사실, 또는 매한가지지만 **특정한 분량의 지불되지 않는 노동을 자기 것으로 만들 수 있게 된다**는 바로 그 사실로 인해, 고용주인 자본가에게 노동 수단을 전부 또는 일부 대부해 주는 노동 수단의 소유자 — 한마디로 말해, 화폐 대부 자본가 — 는 그 잉여가치의 다른 부분을 **이자**라는 명칭으로 자신의 것이라고 청구할 수 있게 되며, 그리하여 **엄밀한 의미의** 고용주인 자본가에게는 **산업이윤** 또는 **상업이윤**이라 부르는 것만 남게 된다.

잉여가치의 총합계가 세 범주의 사람들 사이에 이처럼 분할되는 것을 규제하는 법칙이 무엇인가 하는 문제는 우리 주제와는 대단히 거리가 멀다. 하지만 이미 언명한 것으로부터 그 결과로 나타나는 것은 다음과 같다.

'지대', **'이자'**, **'산업이윤'**이란 상품의 **잉여가치** 또는 **상품에 묶여 있는 지불되지 않는 노동**의 서로 다른 부분들에 대한 서로 다른 명칭들일 뿐이며, 그것들은 **똑같이 이 원천에서 생기며 이 원천에서만 생긴다**. 그것들이 **토지** 그 자체나 **자본** 그 자체에서 생기는 것은 아니지만, 토지와 자본은 고용주인 자본가가 노동자에게서 뽑아내는 잉여가치에서 그 소유자가 각각의 몫을 얻을 수 있게 해 준다. 노동자 자신으로 보자면, 잉여가치, 즉 자신의 잉여노동 또는 지불되지 않는 노동의 결과를 모두 고용주인 자본가가 자기 호주머니에 넣는지 아니면 고용주인 자본가가 잉여가치의 일부를 지대와 이자라는 명칭으로 제삼자에게 지불해야 하는지는 부차적 의의를 지니는 사안이다. 고용주인 자본가가 자기 자신의 자본만 사용했고 또 자기 자신이 지주라고 가정하면, 잉여가치 전체가 고용주인 자본가의 호주머니로 들어갈 것이다.

이 잉여가치 가운데 어느 만큼의 부분을 궁극적으로 자신을 위해 가지고 있을 수 있게 되든, 노동자에게서 잉여가치를 직접 뽑아내는 것은 고용주인 자본가다. 따라서 임금제도 전체와 현재의 생산 제도 전체는 고용주인 자본가와 임금노동자 사이의 이러한 관계에 달려 있다. 따라서 우리 토의에 참가한 몇몇 회원이 주어진 상황에서는 가격 상승이 고용주인 자본가, 지주, 화폐자본가, 그리고 굳이 넣는다면 세리에게까지도 대단히 불균등하게 영향을 미칠 수도 있다고 언명했던 것은 옳았다 할지라도, 사태를 얼버무리려 하고 고용주인 자본가와 노동자 사이의 이러한 근본적 관계를 이차적인 문제로 다루려 했던 것은 그른 일이다.

이제까지 언명했던 것에 뒤따르는 또 다른 결론이 있다.

상품의 가치 가운데 원료와 기계장치의 가치만을 대표하는 부분, 한마디로 말해 써 버린 생산수단의 가치만을 대표하는 부분은 전혀 **수입**을 형성하지 않으며 **자본**을 대체할 **뿐이다**. 그런데, 이 점을 논외로 하더라도, 상품의 가치 가운데 **수입을 형성하는** 다른 부분, 즉 임금, 이윤, 지대, 이자 따위의 형태로 소비될지도 모를 부분이 임금의 가치, 지대의 가치, 이윤의 가치 등등으로 **이루어져 있다**고 보는 것은 잘못이다. 우리는 일차적으로는 임금은 제쳐 놓고 산업이윤, 이자, 지대만을 다룰 것이다. 방금 보았다시피, **상품**에 담겨 있는 **잉여가치**, 즉 상품 가운데 **지불되지 않는 노동**이 실현되어 있는 부분은 서로 다른 명칭을 지닌 서로 다른 세 부분에 실현되고 그 세 부분으로 분해된다. 그러나 상품의 가치가 **이러한 세 구성 요소의 독립적 가치**를 **더한 것**으로 **구성된다**거나 **형성된다**고 말하는 것은 진리에 매우 반하는 것이 될 것이다.

1노동시간이 6페니 가치에 실현되고 노동자의 노동일이 12시간으로 이루어져 있고 그 시간의 절반이 지불되지 않는 노동이라면, 그 잉여노동은 상품에 **잉여가치**, 말하자면 등가물이 지불되지 않는 가치 3실링을 더할 것이다. 이 잉여가치 3실링이 고용주인 자본가가 지주나 화폐 대부업자와 어떤 비율로든 분할할 수 있는 **기금 전체**를 이룬다. 이 3실링의 가치가 이들이 자신들 사이에서 분할해야 하는 가치의 한계를 이룬다. 그러나 고용주인 자본가가 상품의 가치에 자신의 이윤을 위해 자의적 가치를 더하고 지주 등등을 위해 다른 가치를 더하고 그리하여 이렇게 자의적으로 고정된 가치를 더하면서 전체 가치를 이루게 되는 것은 아니다. 따라서 **주어진 가치**가 세 부분으로 **분해된다**는 것을 **독립적인** 세 가치를 더함으로써 그 가치가 **형성된다**는 것과 혼동하고 그리하여 지대, 이윤, 이자 따위에서 생기는 총가치를 자의적 크기로 전환해 버리는 식의 통속적 관념이 그릇된 생각임을 여러분은 알 수 있다.

어떤 자본가가 실현하는 전체 이윤이 100파운드스털링과 같다면, 우리는 **절대적** 크기로 본 이 액수를 **이윤액**이라고 부른다. 그러나 100파운드스털링이 선지급된 자본과 맺는 비율을 계산한다면, 우리는 이 **상대적** 크기를 **이윤율**이라고 부른다. 이 이윤율이 두 가지 방식으로 표현될 수 있음은 분명하다.

100파운드스털링이 **임금에 선지급된** 자본이라고 가정하자. 창조된 잉여가치 역시 100파운드스털링이라면 — 그런데 이러한 사실은 노동자의 노동일의 절반이 **지불되지 않는** 노동으로 이루어져 있음을 보여 줄 것이다 —, 그리고 이 이윤을 임금에 선지급된 자본의 가치와 비교해 측정한다면, 선지급된 가치가 100이고 실현된 가치가 200일 것이기 때문에 **이윤율**이 100퍼센트에 달했다고 말해야 할 것이다.

다른 한편, **임금에 선지급된 자본**만이 아니라 선지급된 **전체 자본**을 고려한다면, 예컨대 원료, 기계장치, 기타 등등의 가치를 대표하는 400파운드스털링을 포함하여 500파운드스털링을 고려한다면, 100이라는 이윤은 선지급된 **전체** 자본의 1/5밖에 되지 않을 것이기 때문에 **이윤율**이 20퍼센트에 달한다고 말해야 할 것이다.

이윤율을 표현하는 것으로 첫 번째 말한 방식이 지불되는 노동과 지불되지 않는 노동 사이의 실제 비율, 즉 **노동 *exploitation***[착취](이 프랑스어 단어를 쓰는 것을 양해하기 바란다)의 실제 정도를 보여 주는 유일한 방식이다. 그와는 다른 표현 방식은 평범하게 사용되는 것이며, 사실 특정한 목적을 위해서는 적합한 것이다. 아무튼 그 다른 표현 방식은 자본가가 노동자에게서 무상 노동을 뽑아내는 정도를 감추는 데 대단히 유용하다.

이하에서 이야기하면서 나는 **'이윤'**이라는 단어를 다른 당사자들 사이에 분할하는 것과 전혀 관계없이 자본가가 뽑아내는 잉여가치의 전체 분량을 가리키는 데 사용할 것이며, **'이윤율'**이라는 단어를 사용할 때는 언제나 임금에 선지급된 자본의 가치와 비교해 측정할 것이다.

XII. 이윤, 임금, 가격 사이의 일반적 관계

어떤 상품의 가치에서 그 상품을 만드는 데 써 버린 원료와 그 밖의 생산수단의 가치를 대체하는 가치를 빼면, 바꾸어 말하자면 그 상품에 담겨 있는 **과거의** 노동의 가치를 빼면, 상품의 나머지 가치는 **마지막에** 고용된 노동자가 추가한 노동의 양으로 분해될 것이다. 그 노동자가 하루 12시간 노동하고 또 평균노동 12시간이 6실링과 같은 분량의 금으로 결정화된다면, 이 추가 가치 6실링이 그 노동자의 노동이 창조했을 **유일한** 가치다. 그 노동자의 노동시간에 의해 결정되는 이 주어진 가치가 그 노동자와 자본가 둘 모두가 각각의 몫 또는 배당금을 끌어내야 하는 유일한 기금이며, 임금과 이윤으로 분할되게 될 유일한 가치다. 이 가치가 당사자 둘 사이에 분할될 비율이 가변적이라는 사정으로 인해 이 가치 자체가 바뀌지는 않는다는 점은 분명하다. 또한 노동자 한 명이 있을 자리에 노동인구 전체를 놓더라도, 예를 들면 1노동일이 아니라 1,200만 노동일을 놓는다 하더라도 변하는 것은 없을 것이다.

자본가와 노동자는 이러한 제한된 가치만을, 즉 노동자의 전체 노동으로 측정되는 가치만을 분할해야 하므로, 자본가가 많이 얻을수록 노동자는 적게 얻게 되며, 그 역도 마찬가지다. 양이 주어져 있을 때는 언제나, 한 부분은 다른 부분이 감소하는 것에 반비례하여 증가할 것이다. 임금이 변화하면, 이윤은 반대 방향으로 변화할 것이다. 임금이 하락하면 이윤은 상승할 것이고, 임금이 상승하면 이윤은 하락할 것이다. 예전의 가정에 따라 노동자가 자신이 창조한 가치의 절반과 같은 3실링을 얻는다면, 즉 노동자의 노동일 전체가 절반은 지불되는 노동, 절반은 지불되지 않는 노동으로 이루어져 있다면, 자본가 역시 3실링을 얻을 것이기 때문에 **이윤율**은 100퍼센트일 것이다. 노동자가 2실링만 받는다면, 즉 하루 전체의 1/3만 자신을 위해 노동한다면, 자본가는 4실링을 얻을 것이고 이윤율은 200퍼센트일 것이다. 노동자가 4실링을 받는다면, 자본가는 2실링만 받을 것이고 이윤율은 50퍼센트로 하락할 것이지만, 아무리 이렇게 달라진다고 해도 상품의 가치에 영향을 미치지는 않을 것이다. 따라서 일반적 임금 상승은 일반적 이윤율 하락이라는 결과로 끝날 것이지 가치에 영향을 미치지는 않을 것이다.

그러나 궁극적으로 상품의 시장가격을 규제하지 않을 수 없는 상품의 가치는 그 상품에 고정되어 있는 노동 총량에 의해 전적으로 결정되는 것이지 그 노동 총량이 지불되는 노동과 지불되지 않는 노동으로 어떻게 분할되는가에 의해 결정되는 것은 아니라 할지라도, 예를 들면 12시간 동안 생산된 상품은 단 하나든 많은 상품이든 그 가치가 불변인 채로 있을 것이라는 결론이 그로부터 뒤따르는 것은 절대로 아니다. 주어진 노동시간에 생산되는, 또는 주어진 노동량에 의해 생산되는 상품의 **수** 또는 수량은 사용된 노동의 **생산력**에 좌우되는 것이지 사용된 노동의 **정도** 또는 길이에 좌우되지 않는다. 어떤 방적 노동의 생산력 정도로는 예를 들면 12시간 노동일이 실 12파운드를 생산할 것이지만, 그보다 낮은 정도의 생산력으로는 2파운드만 생산할 것이다. 그런데 12시간 평균노동이 6실링의 가치에 실현되어 있다고 한다면, 앞 경우에는 실 12파운드에 6실링이 들 것이고 뒤 경우에는 실 2파운드에 역시 6실링이 들 것이다. 따라서 실 1파운드에는 앞 경우에는 6페니가 들 것이고 뒤 경우에는 3실링이 들 것이다. 가격 차이는 사용된 노동의 생산력 차이로 인한 결과로 나타날 것이다. 높은 생산력이라면 1노동시간이 실 1파운드에 실현될 것이며, 낮은 생산력이라면 6시간 노동이 실 1파운드에 실현될 것이다. 실 1파운드의 가격은 앞 경우에는 임금은 상대적으로 높고 이윤율은 낮을지라도 6페니일 뿐일 것인데, 뒤 경우에는 임금은 낮고 이윤율은 높을지라도 3실링일 것이다. 이는 실 1파운드의 가격은 **그것에 투여된 총노동량**에 의해 규제되는 것이지 **그 총노동량이 지불되는 노동과 지불되지 않는 노동으로 어떤 비율로 분할되는가**에 의해 규제되는 것이 아니기 때문에 그렇다. 따라서 내가 전에 언급한 사실, 즉 고가 노동이 싼 상품을 생산할 수도 있고 저가 노동이 비싼 상품을 생산할 수도 있다는 사실은 역설적으로 보이지 않게 된다. 그러한 사실은 일반적 법칙의 표현, 즉 어떤 상품의 가치는 그 상품에 투여된 노동의 양에 의해 규제되며 그 상품에 투여된 노동의 양은 모두 사용된 노동의 생산력에 좌우되며 따라서 노동생산성이 달라질 때마다 그 양이 달라질 것이라는 법칙의 표현일 뿐이다.

XIII. 임금을 인상하려는 시도나 임금 하락에 저항하려는 시도의 주요한 경우들

이제 임금 상승을 시도하거나 임금 삭감에 저항하는 주요한 경우들을 진지하게 고찰해 보기로 하자.

1. 우리가 보았다시피, **노동력의 가치**는, 또는 더 통속적 어투로 말하자면 **노동의 가치**는 필수품의 가치에 의해, 즉 필수품을 생산하는 데 필요한 노동의 양에 의해 결정된다. 어떤 주어진 나라에서 노동자의 하루 평균 필수품의 가치가 3실링으로 표현되는 6시간 노동을 대표한다면, 노동자는 자신의 이러한 하루 유지비의 등가물을 생산하려면 하루 6시간을 노동해야 할 것이다. 노동일 전체가 12시간이라면, 자본가는 노동자에게 3실링을 지불함으로써 노동자의 노동의 가치를 지불할 것이다. 노동일의 절반은 지불되지 않는 노동이 될 것이고, 이윤율은 100퍼센트에 달할 것이다. 그러나 이제 생산성 감소가 일어나고 그에 이어서 예컨대 농산물 동일한 분량을 생산하는 데 더 많은 노동이 필요하게 되었고, 그래서 평균 하루 필수품의 가격이 3실링에서 4실링으로 상승하게 되었다고 가정하자. 그런 경우에 노동의 **가치**는 1/3또는 33⅓퍼센트 상승할 것이다. 노동자가 옛 생활수준에 따른 하루 유지비의 등가물을 생산하려면 노동일 가운데 8시간이 필요할 것이다. 따라서 잉여노동은 6시간에서 4시간으로 감

소할 것이고, 이윤율은 100퍼센트에서 50퍼센트로 감소할 것이다. 그러나 노동자가 임금 상승을 고집한다는 것은 **자신의 노동의 증가된 가치**를 얻겠다고 고집하는 것일 뿐이며, 이는 그 밖의 모든 상품 판매자가 자신의 상품의 원가가 증가하자 지불한 가치가 증가된 것을 얻기 위해 그러는 것과 마찬가지다. 임금이 상승하지 않거나 상승하더라도 필수품의 증가된 가치를 벌충하기에 충분하게 상승하지 않는다면, 노동의 **가격**은 **노동의 가치** 이하로 하락할 것이며, 노동자의 생활수준은 악화될 것이다.

그런데 변화는 반대 방향으로 생길 수도 있다. 증가된 노동생산성 덕분에, 동일한 분량의 평균 하루 필수품이 3실링에서 2실링으로 하락할 수도, 즉 하루 필수품의 가치의 등가물을 재생산하는 데 노동일 가운데 6시간이 아니라 4시간만 필요할 수도 있다. 이제 노동자는 이전에 3실링으로 구매할 수 있었던 만큼의 필수품을 2실링으로 구매할 수 있을 것이다. 사실, **노동의 가치**는 하락해 버렸지만, 그렇게 축소된 가치로도 이전과 동일한 상품량을 차지하게 될 것이다. 이때에는 이윤은 3실링에서 4실링으로 상승할 것이고, 이윤율은 100퍼센트에서 200퍼센트로 상승할 것이다. 노동자의 절대적 생활수준은 여전히 똑같을지라도, 노동자의 **상대적** 임금은, 그리고 그와 함께 자본가와 비교했을 때의 노동자의 상대적인 사회적 지위는 낮아질 것이다. 노동자가 상대적 임금의 그러한 삭감에 저항한다면, 이는 자기 자신의 노동의 증가된 생산력 가운데서 약간의 몫을 얻으려 하는 것일 뿐이며, 사회적 등급에서 예전에 누리고 있던 상대적 지위를 유지하려는 것일 뿐이다. 예를 들면, 곡물법 폐지 이후에, 영국 공장주들은 곡물법 반대 운동[23]이 벌어지는 동안 엄숙하기 그지없게 서약했던 것을 노골적으로 위반하면서 일반적으로 임금을 10퍼센트 삭감했다. 노동자의 저항은 처음에는 꺾였지만, 지금 설명하기 시작할 수 없는 상황이 그에 이어서 일어나면서 잃어버렸던 10퍼센트는 나중에 되찾았다.

2. 필수품의 **가치**는 여전히 동일하고, 그리고 결과적으로 **노동의 가치**는 여전히 동일하지만 먼저 **화폐가치**가 변화하고 그에 이어서 필수품의 **화폐가격**에 변화가 일어날 수도 있다.

더 비옥한 광산이 발견되는 등등의 일로 인해, 예를 들면 금 2온스를 생산하는 데 전에는 1온스를 생산하는 데 든 만큼의 노동이 들 수도 있다. 금의 **가치**는 그러면 1/2, 즉 50퍼센트 감가될 것이다. 그러면 다른 모든 상품의 **가치**가 예전 **화폐가격**의 두 배로 표현될 것이므로, **노동의 가치** 또한 마찬가지로 그럴 것이다. 예전에는 6실링으로 표현되던 12시간 노동은 이제 12실링으로 표현될 것이다. 노동자의 임금이 6실링으로 상승하지 않고 여전히 3실링이라면, **노동자의 노동의 화폐가격**은 **그의 노동의 가치의 절반**과 같을 뿐일 것이며, 그의 생활수준은 무시무시하게 악화될 것이다. 이런 일은 또한, 노동자의 임금이 상승하긴 하지만 금의 가치의 하락에 비례하지 않게 상승한다면 정도의 차이는 있어도 일어날 것이다. 그러한 경우에는 노동생산력이나 공급과 수요나 가치 따위에서 아무것도 변화하지 않는다. 가치들의 화폐 **명칭**을 제외하고는 아무것도 변화할 수 없을 것이다. 그러한 경우에 그에 비례하는 임금 상승을 노동자가 고집하지 않는 것이 마땅하다고 말하는 것은 노동자는 실질이 아니라 명칭으로 지불받는 데 만족해야 한다고 말하는 것이다. 과거의 모든 역사가 증명하듯이, 그러한 화폐 감가가 일어날 때마다 자본가는 경계를 늦추지 않고 있다가 노동자를 사취할 기회를 잡는다. 매우 많은 정치경제학 학파가 주장하듯이, 금 산지를 새로 발견하고 은광 채굴 방식이 개선되고 수은[32]을 더 싸게 공급하게 되자, 그에 이어서 귀금속의 가치는 다시 감가되었다. 대륙에서 임금 상승을 일반적이고도 동시적으로 시도했던 것은 이런 점으로 설명될 것이다.

3. 우리는 지금까지 **노동일**에 한계가 주어져 있다고 가정해 왔다. 하지만 노동일 그 자체에 불변의 한계란 없다. 노동일을 육체적으로 극도에 달하도록 가능한 길이까지 늘이는 것이 자본의 불변의 경향이며, 그 이유는 그렇게 늘이는 것과 동일한 정도로 잉여노동이 증가하고 결과적으로는 그로부터 나오는 이윤이 증가할 것이기 때문이다. 자본은 노동일을 연장하는 데 성공하면 할수록 더 많은 분량의 타인 노동을 자기 것으로 만들게 될 것이다. 17세기 동안, 심지어는 18세기 초반과 중반에도 10시간 노동일이 영국 전역에서 정상적인 노동일이었다. 사실상 영국의 남작들이 영국의 근로대중에 맞서 일으킨 반反자꼬뱅 전쟁[33] 기간 동안, 자본은 바쿠스 축제를 벌이며 노동일을 10시간에서 12시간, 14시간, 18시간으로 연장했다. 여러분이 생각하기에 넋두리를 늘어놓는 감상벽에 빠졌을 것이라 생각되는 사람이 전혀 아닌 **맬서스**마저 1815년쯤에 출판된 어떤 소책자[34]에서 천명하기를, 이런 종류의 사태가 계속된다면 국민의 생명이 그 원천에 이르기까지 공격을 받을 것이라고 했다. 새로 발

명된 기계장치가 일반적으로 도입되기 몇 해 전인 1765년쯤 영국에 『무역에 관한 시론』라는 제목으로 소책자가 모습을 드러냈다.[35] 노동자계급의 적이라고 공언한 그 익명의 저자는 노동일의 한계를 확대할 필요에 대해 열변을 토한다. 이러한 목적을 이루기 위한 여러 다른 수단 가운데 그가 제안하는 것은 **노역장** working houses 이며, 그는 이 노역장이 "**공포의 집**Houses of Terror"이어야 마땅하다고 말한다. 그러면 그가 이러한 "**공포의 집**"에 어울리게 처방을 내린 노동일의 길이는 얼마인가? **12시간**이며, 이는 1832년에 자본가, 정치경제학자, 대신 따위가 열두 살이 안 된 아이들을 상대로 이미 존재하여 시행되고 있을 뿐만 아니라 필요하기도 하다고 천명한 것과 똑같은 시간이다.

노동자는 자신의 노동력을 판매함으로써 — 그런데 현재의 제도에서는 그렇게 하지 않을 수 없다 — 자본가에게 노동력의 소비를 넘기지만 이는 특정한 합리적 한계 내부에서 그런 것이다. 노동자가 자신의 노동력을 판매하는 것은 자연적 마모를 논외로 할 때 노동력을 유지하기 위함이지 노동력을 없애 버리기 위함이 아니다. 노동자가 노동력을 그 하루 가치 또는 한 주 가치로 판매할 때는 그 노동력이 하루 또는 한 주에 이틀 또는 두 주의 소모나 마모를 감수해서는 안 된다는 것으로 이해된다. 값어치가 1,000파운드스털링인 기계가 있다고 하자. 그 기계를 10년에 걸쳐 써 버린다면, 그 기계가 생산을 거든 상품의 가치에 그 기계는 1년에 100파운드스털링을 추가할 것이다. 기계를 5년에 걸쳐 써 버린다면, 기계는 1년에 200파운드스털링을 추가할 것이어서, 연간 마모분의 가치는 기계가 얼마나 빨리 소비되는가에 반비례한다. 그러나 이런 점에서 노동자는 기계와 구별된다. 기계장치는 사용되는 것과 정확히 동일한 비율로 마모되지는 않는다. 인간은 그러기는커녕, 그저 노동을 산술적으로 추가할 때 볼 수 있는 것보다 훨씬 더 큰 비율로 쇠퇴한다.

노동자들이 노동일을 예전의 합리적 차원으로 환원하려 시도하는 것, 또는 표준 노동일을 법으로 고정하도록 강요할 수 없는 곳이라면 임금을 노동이 강제로 행해진 잉여시간에 비례할 뿐만 아니라 그보다 더 높은 비율로 인상함으로써 과로를 저지하려 시도하는 것은 자기 자신과 자신의 종족에 대한 의무를 이행하는 것일 뿐이다. 그렇게 할 때 노동자들은 자본의 폭압적 강탈에 한계를 설정하는 것일 뿐이다. 시간은 인간이 발전하는 공간이다. 수면이나 식사 등등 그저 육체적인 것일 뿐인 것으로 인해 중단되는 것을 논외로 하고는 일생 전체가 자본가를 위한 노동에 흡수되어 처분할 자유로운 시간이 없는 사람이라면 짐 나르는 짐승만 못하다. 그런 사람은 육체적으로 망가지고 정신적으로 황폐해진 상태에서 '다른 사람의 부'를 생산하는 기계일 뿐이다. 하지만 현대 산업의 역사 전체가 보여 주듯이, 자본은 저지되지 않는다면 난폭하고도 가차 없이 노동자계급 전체를 이처럼 극도에 달하는 퇴화 상태에 빠뜨리려 할 것이다.

자본가는 노동일을 연장하면서 **그 전보다 더 높은 임금**을 지불할 수도 있지만, 그 임금 상승이 더 많이 뽑아낸 노동량에 조응하지 못하고 또한 그리하여 노동력이 더 빨리 쇠퇴하는 것에 조응하지 못하면 훨씬 낮은 **노동의 가치**를 지불하는 것일 수도 있다. 이런 일은 다른 식으로도 벌어질 수 있다. 여러분의 중간계급 통계학자들은 여러분에게 랭커셔에서 공장 가족의 평균임금이 상승했다고 말하려 할 것이다. 그 통계학자들이 잊고 있는 것은 지금은 가장인 남성의 노동이 아니라 그의 아내, 어쩌면 서너 명의 아이가 자본의 자가나트 수레바퀴[36] 아래로 던져져 총임금의 상승은 가족에게서 뽑아내는 총잉여노동에 조응하지 못한다는 점이다.

공장법의 적용을 받는 모든 산업부분에 지금 존재하는 것처럼 노동일에 한계가 주어져 있을지라도, 옛 수준의 **노동의 가치**가 내려가지 않게만 하기 위해서도 임금 상승이 필요해질 수도 있다. 노동**강도**를 높임으로써, 예전에는 두 시간에 지출하던 것과 같은 만큼의 생명력을 한 시간에 지출하게 만들 수도 있을 것이다. 이는 '공장법'이 시행되고 있는 업종에서 기계장치의 속도를 높임으로써, 그리고 단 한 명의 사람이 관리해야 하는 기계의 수가 많아짐으로써 어느 정도 효과를 냈다. 노동강도, 즉 한 시간에 소비되는 노동량이 증가해도 그에 따라 어느 정도 공정한 비율로 노동일의 길이가 감소한다면, 그래도 노동자는 얻는 것이 있을 것이다. 이러한 한계를 넘어서게 되면, 노동자는 한 형태로 얻게 된 것을 다른 형태로 잃게 되어, 그때는 10시간 노동이 이전에 12시간 노동만큼이나 파멸적이 될지도 모른다. 노동자가 노동강도 상승에 조응하는 임금 상승을 위해 투쟁함으로써 자본의 이러한 경향을 저지하는 것은 자신의 노동이 감가되고 자기 종족의 상태가 악화되는 것에 저항하는 것일 뿐이다.

4. 여러분 모두 알다시피, 지금 설명해야 하는 것이 아닌 어

떤 이유로 인해, 자본주의적 생산은 특정한 주기적 순환을 거치며 진행된다. 평온, 활력 증대, 번창, 과잉 거래, 공황, 침체 따위의 상태를 거치며 진행된다는 것이다. 상품의 시장가격과 시장이윤율은 그와 같은 국면들에 뒤이어, 때로는 평균 아래로 하락했다가 때로는 평균 위로 상승한다. 순환 전체를 고찰한다면, 시장가격이 한쪽으로 벗어나면 다른 쪽으로 벗어나면서 벌충된다는 점과 순환의 평균을 볼 때 상품의 시장가격은 그 가치에 의해 규제된다는 점을 알게 될 것이다. 그렇다! 시장가격이 하락하는 국면과 공황 및 침체의 국면 동안에는, 노동자가 고용에서 완전히 떨어져 나가지는 않는다 해도 노동자 임금은 인하될 것이 확실하다. 사취당하지 않으려면, 노동자는 시장가격 하락이 일어났다 해도 그에 비례하여 어느 정도나 임금 하락이 필요해졌는지를 자본가와 다투어야 한다. 가외 이윤이 남는 번창 국면 동안 노동자가 임금 상승을 위해 전투를 벌이지 않는다면, 노동자는 하나의 산업 순환을 평균해서 볼 때 자신의 **평균임금**, 즉 자신의 노동의 **가치**조차 받지 못하는 셈이다. 노동자의 임금은 순환의 불리한 국면으로 인해 필연적으로 영향을 받는데도 노동자에게 순환의 번창 국면 동안 임금을 벌충하지 말아야 한다고 요구하는 것은 극도로 어처구니없는 짓이다. 일반적으로 말하자면, 모든 상품의 **가치**는 수요와 공급의 계속적 요동에서 기인하는 시장가격의 계속적 변화로 벌충됨으로써만 실현된다. 현재의 제도라는 토대에서 노동은 다른 상품과 마찬가지로 상품일 뿐이다. 따라서 노동도 가치에 조응하는 평균가격에 팔리려면 위에서 말한 것과 동일한 요동을 거쳐야 한다. 한편으로는 노동을 상품으로 다루면서 다른 한편으로는 상품 가격을 규제하는 법칙에서 노동을 면하고자 한다면 터무니없는 짓일 것이다. 노예는 영구적이고 고정된 액수의 유지비를 받고, 임금노동자는 그렇지 않다. 임금노동자는 어떤 경우에는 다른 경우에 벌어질 임금 하락을 벌충하기 위해서라도 임금 상승을 이뤄 내려 해야 한다. 체념하여 자본가의 의지와 명령을 영구적 경제법칙으로 받아들인다면, 임금노동자는 노예가 누리던 보장도 받지 못한 채 노예의 모든 비참함을 함께 겪게 될 것이다.

5. 지금까지 고려해 온 모든 경우 — 그런데 이는 100 가운데 99를 이룬다 — 에서 여러분이 보아 왔듯이, 임금 상승을 위한 투쟁은 **그에 앞선** 변화의 궤적을 좇는 것일 뿐이며, 그 투쟁은 생산액, 노동생산력, 노동의 가치, 화폐의 가치, 노동을 뽑아내는 길이나 강도, 수요와 공급의 요동에 좌우되며 산업 순환의 서로 다른 국면에 맞추어 일어나는 시장가격의 요동 따위에서 그에 앞서 벌어진 변화의 필연적인 소산이다. 한마디로 말해, 그 투쟁은 그에 앞선 자본의 작용에 대한 노동의 반작용으로서 궤적을 좇는 것이다. 임금 상승을 위한 투쟁을 이러한 모든 상황과 독립적으로 다루면, 임금 변화만을 바라볼 뿐 그런 상황이 생기도록 한 다른 모든 변화를 간과하면, 그릇된 결론에 다다르기 위해 그릇된 전제에서 출발하는 셈이다.

XIV. 자본과 노동 사이의 투쟁과 그 결과

1. 임금 삭감에 반대하는 노동자 쪽의 주기적 저항과 임금 상

승을 이루려는 그들의 주기적 시도는 임금제도에서 분리될 수 없는 것이며 또한 그런 시도는 노동이 상품에 동화되고 따라서 가격의 일반적 운동을 규제하는 법칙의 적용을 받게 되었다는 바로 그 사실에 따른 것임을 보여 주었고, 또한 일반적 임금 상승은 일반적 이윤율 하락이라는 결과로 끝나지 상품의 평균가격이나 가치에 영향을 미치지는 못한다는 것을 보여 주었으므로, 이제 궁극적으로 자본과 노동 사이의 이러한 그칠 줄 모르는 투쟁에서 노동은 어느 정도나 성공할 것인지 질문이 제기된다.

일반화하여 대답하자면 이렇게 말할 수 있을 것이다. 다른 모든 상품이 그렇듯이 노동도 그 **시장가격**은 길게 보자면 그 **가치**에 적응할 것이다. 따라서 온갖 오르내림에도 불구하고, 또한 노동자가 어떻게 행동하든, 노동자는 평균적으로 볼 때 자신의 노동력의 가치로 귀착되는 자신의 노동의 가치를 받게 될 뿐인데, 이때 노동력의 가치는 노동력의 유지와 재생산에 필요한 필수품의 가치에 의해 결정되며, 결국 그 필수품을 생산하는 데 필요한 노동의 양에 의해 규제된다.

그러나 **노동력의 가치 또는 노동의 가치**에는 다른 모든 상품의 가치와 구별되는 몇몇 독특한 특징이 있다. 노동력의 가치는 두 요소로 형성된다. — 하나는 그저 육체적인 것이고, 다른 하나는 역사적인 것 또는 사회적인 것이다. 노동력의 가치의 **궁극적 한계**는 **육체적** 요소에 의해 결정된다. 바꾸어 말하자면, 자기 자신을 유지하고 재생산하려면, 자신의 육체적 존재를 영속하게 하려면, 노동자계급은 생활하고 번식하는 데 없어서는 절대적으로 안 되는 필수품을 받아야 한다. 따라서 없어서는 안 되는 이러한 필수품의 가치가 **노동의 가치**의 궁극적 한계를 형성한다. 다른 한편, 대단히 신축적이긴 하지만 노동일의 길이 또한 궁극적인 경계에 의해 제한된다. 노동일의 궁극적 한계는 노동하는 사람의 육체적 힘에 의해 정해진다. 하루에 고갈되는 노동자 생명력이 특정한 정도를 초과하면, 그 생명력을 나날이 새로 발휘할 수가 없다. 하지만 내가 말했듯이, 이러한 한계는 매우 신축적이다. 건강하지 못하고 명이 짧은 세대라도 빨리 이어지기만 한다면, 일련의 혈기 왕성하고 명이 긴 세대로 보충될 때와 마찬가지로 노동시장은 유지될 것이다.

이러한 그저 육체적인 요소 이외에도, 어느 나라에서나 노동의 가치를 결정하는 것으로 **전통적 생활수준**이 있다. 그저 육체적인 생활이 아니라 사람들이 놓이고 자라는 사회적 조건에서 기인하는 특정한 욕구의 충족이 그것이다. 잉글랜드인의 생활수준이 아일랜드인의 생활수준으로 떨어질 수도 있고, 독일 농민의 생활수준이 리보니아 농민의 생활수준으로 떨어질 수도 있다. 역사적 전통과 사회적 관습이 이런 점과 관련하여 수행하는 중요한 역할에 대해서는 **과잉인구**에 관한 손턴 씨의 저작에서 배울 수 있을 것인데, 그 책에서 손턴 씨는 잉글랜드의 서로 다른 농업지대의 평균임금은 각각의 농업지대가 농노제 상태를 헤쳐 나올 때의 상황이 유리했느냐에 따라 오늘날까지도 다르다는 점을 보여 준다.

노동의 가치에 들어가는 이러한 역사적 요소나 사회적 요소는 확대될 수도 있고, 수축될 수도 있고, 아니면 전부 소멸되어

육체적 한계만 남게 될 수도 있다. 한직에 있으면서 세금으로 먹고사는 구제 불능 인간인 늙은 조지 로즈가 말하곤 했던 바에 따르자면 신앙심이 없는 프랑스인들의 침투로부터 우리의 신성한 종교의 안위를 지키기 위해 착수했다고 하는 반反자꼬뱅 전쟁 시기 동안, 우리가 앞에서의 어떤 장에서 매우 다정하게 다룬 바 있는 영국의 정직한 농업 경영자들은 농업 노동자의 임금을 심지어 그러한 **그저 육체적 최솟값인 것** 아래로까지 떨어뜨렸지만, 노동자 종족의 육체적 영속에 필요한 나머지 것들은 구빈법으로 메웠다.[37] 이는 임금노동자를 노예로, 또한 셰익스피어의 자부심 넘치는 요먼을 구호 대상 빈민으로 바꾼 거룩한 길이었다.[38]

표준임금이나 노동의 가치를 나라별로 비교해 보면, 그리고 같은 나라에서 역사적 시대별로 비교해 보면, 설령 다른 모든 상품의 가치가 불변인 채로 있다고 가정한다 해도 **노동의 가치** 자체는 고정된 크기가 아니라 가변의 크기임을 알게 될 것이다.

그와 유사한 비교를 통해, **시장이윤율**뿐 아니라 **평균이윤율**도 변한다는 것이 증명될 것이다.

그러나 **이윤**에 대해 말하자면, 그 **최솟값**을 결정하는 법칙이란 없다. 우리는 이윤 감소의 궁극적 한계가 무엇인지를 말할 수 없다. 그런데 왜 이윤의 한계를 고정할 수 없는 것일까? 임금의 **최솟값**을 고정할 수는 있을지라도 그 **최댓값**은 고정할 수 없기 때문이다. 우리가 말할 수 있는 것이란, 노동일의 한계가 주어져 있다면 **이윤의 최댓값**은 **임금의 육체적 최솟값**에 조응한다는 점과 임금이 주어져 있다면 **이윤의 최댓값**은 노동자의 육체적 힘과 양립할 수 있는 노동일 연장에 조응한다는 점뿐이다. 따라서 이윤의 최댓값은 임금의 육체적 최솟값과 노동일의 육체적 최댓값에 의해 제한된다. **이윤율 최대값**의 이러한 두 한계 사이에 있을 수 있는 변동의 규모가 엄청나다는 점은 분명하다. 그것이 실제로 어떤 정도에서 고정되느냐는 자본과 노동 사이의 계속적 투쟁에 의해 정해질 뿐이어서, 자본가에게는 늘 임금을 육체적 최솟값으로 삭감하고 노동일을 그 육체적 최댓값에 이르게 하려는 경향이 있는 한편, 노동자에게는 늘 그 반대 방향으로 압력을 가하려는 경향이 있다.

문제는 전투를 벌이는 그 각각의 힘의 문제로 귀착된다.

2. 영국에서의 **노동일의 제한**에 대해 말하자면, 다른 모든 나라에서 그렇듯이 **법**이 **개입**하지 않고는 정해진 적이 없다. 노동자들이 외부에서 계속 압력을 가하지 않았더라면 그러한 개입은 일어나지 않았을 것이다. 아무튼 그와 같은 결과는 노동자와 자본가 사이의 사적 해결로는 얻을 수 없는 것이었다. 이처럼 **일반적인 정치행위**가 필요하다는 사실 자체는 단순한 경제행위에서는 자본 측이 더 강하다는 증거를 제공한다.

노동의 가치의 **한계**에 대해 말하자면, 그것은 언제나 실제로는 공급과 수요에 좌우되어 해결되는데, 여기서 내가 뜻하는 것은 자본 쪽의 노동에 대한 수요와 노동자의 노동 공급이다. 식민국에서는 공급과 수요의 법칙이 노동자에게 유리하다. 그리하여 미합중국에서는 임금이 상대적으로 높은 수준이다. 자본은 거기서도 전력을 기울이려 할 것이다. 자본은 임금노동자가 독립적이고 자급자족하는 농민으로 계속 전환됨에 따라 노동시장에 계속 사람이 없게 되는 사태를 막을 수는 없다. 임금노동자의 지위는 대다수 미국인에게는 견습 상태일 뿐이어서, 길든 짧든 시간이 흐르면 거기서 떠날 것이 확실하다. 식민지의 이러한 상태를 바로잡기 위해 아버지다운 영국 정부는 현대 식민 이론이라 불리는 것을 한동안 받아들였는데, 그 이론의 골자는 임금노동자가 독립적 농민으로 너무 빨리 전환되는 것을 막기 위해 식민지 토지에 인위적으로 높은 가격을 매기는 것이었다.

그러나 이제 오래된 문명국으로 가 보기로 하겠는데, 그 나라에서는 자본이 생산과정 전체를 장악하고 있다. 예를 들면 1849년부터 1859년까지 일어난 영국에서의 농업 임금의 상승을 보기로 하자. 그 귀결은 무엇이었나? 농업 경영자들은, 우리의 벗 웨스턴이 그토록 충고했지만, 밀의 가치도 인상할 수 없었고 밀의 시장가격도 인상할 수 없었다. 그렇게 하기는커녕, 밀의 시장가격이 하락하는 것을 감수해야 했다. 그러나 이 11년 동안 농업 경영자들은 온갖 종류의 기계장치를 도입했고, 더욱 과학적인 방법을 채택했고, 농경지의 일부를 목초지로 전환했고, 농장의 크기를 증가시켰고 그와 함께 생산 규모를 증가시켰고, 위와 같은 과정과 그 밖의 과정을 통해 노동생산력을 증가시켜 노동에 대한 수요를 축소시켰으며, 농업인구를 다시 상대적으로 남아돌게 만들었다. 이것이 오래전부터 사람이 정주하고 있는 나라에서 속도의 차이는 있을지라도 임금 상승에 맞선 자본의 반작용이 일어나는 일반적 방법이다. 리카도가 제대로 말한 바 있듯이, 기계장치는 노동과 늘 경쟁하고 있어서 노동의 가격이 특정한 높이에 다다를 때라야 도입될 수 있는 일이 잦지만 기계장치의 사용은 노동생산력을 증가시키는 많은 방법 가운데 하나일 뿐이다.[39] 평범한 노동을 상대적으로 남아돌게 만드는 바로 그 발전이 다른 한편으로는 숙련노동을 단순화하며 그리하여 감가한다.

동일한 법칙은 다른 형태로도 나타난다. 노동생산력이 발전함에 따라 자본축적은 가속화될 것인데, 상대적으로 임금률이 높음에도 그럴 것이다. 그리하여, 현대 산업이 아직 유아기에 있었던 시대의 사람이었던 **애덤 스미스**가 추론했듯이, 자본축적이 가속화되면 노동에 대한 수요가 확실히 증가할 것이므로 균형추를 노동자에게 유리하게 바꾸어 놓을 것이 틀림없다고 추론할 수도 있을 것이다. 이와 동일한 관점에서 현재의 많은 문필가는 영국의 자본은 지난 20년 동안 영국 인구보다 훨씬 빠르게 증가했는데 임금은 더 제고되지 않았다는 사실을 의아하게 여겨 왔다. 그러나 축적이 진전되는 것과 동시에 **자본구성의 누진적 변화**가 일어난다. 총자본 가운데 고정자본, 즉 기계장치, 원료, 모든 가능한 형태의 생산수단 따위로 이루어진 부분은 자본 가운데 임금에 쓴, 즉 노동을 구매하는 데 쓴 다른 부분과 비교할 때 누진적으로 증가한다. 정확도에 다소 차이는 있지만, 이 법칙을 언명했던 사람으로는 바턴 씨, 리카도, 시스몽디, 리차드 존스 교수, 램지 교수, 셰르뷜리에 등등이 있다.

자본의 이들 두 요소의 비율이 애초에는 1 대 1이었다면, 산업이 진보하면서 그 비율을 5 대 1 등등으로 된다. 전체 자본 600 가운데 300은 도구, 원료 등등에 들고 300은 임금에 든다면, 노동자에 대한 수요로 300이 아니라 600을 창조하려면 전체 자본이 두 배가 되기만 하면 된다. 그러나 자본 600 가운데 500은 기계장치, 재료 등등에 들고 임금에 드는 것은 100뿐이라면, 노동자에 대한 수요로 300이 아니라 600을 창조하려면 동일한 자본은 600에서 3,600으로 증가해야 한다. 따라서 산업이 진보하면서 노동에 대한 수요는 자본축적과 보조를 맞추지 못하게 된다. 노동에 대한 수요는 여전히 증가할 것이지만, 자본의 증가와 비교하면 늘 축소된 비율로 증가할 것이다.

이러한 약간의 암시로도 충분히 보여 줄 수 있었듯이, 현대 산업의 바로 그 발전은 누진적으로 천평칭을 자본가에게는 유리하고 노동자에게는 불리하게 바꾸어 놓을 것이 틀림없으며, 결과적으로 자본주의적 생산의 일반적 경향은 임금의 평균 수준을 인상하는 것이 아니라 하락시키는 것, 즉 **노동의 가치**를 정도의 차이는 있지만 그 **최솟값 한계**로 몰아넣는 것이다. 이 제도에서 **사태**의 경향이 이러하다면, 이것이 말하는 바가 노동자계급은 자본의 침해에 맞서 저항하기를 단념하는 것이 마땅하고 자신들의 상태를 일시적으로 개선할 수 있도록 가끔씩 찾아오는 기회를 최대한 이용하기를 포기하는 것이 마땅하다는 것일까? 그렇게 단념하고 포기한다면, 노동자계급은 구제할 길이 없이 파산한 비참한 무리의 수준으로 떨어질 것이다. 내가 보여주었듯이, 임금 수준을 지키기 위한 노동자계급의 투쟁은 임금 제도 전체와 분리될 수 없는 사건이며, 임금을 인상하려는 그들의 투쟁 100 가운데 99는 노동의 주어진 가치를 유지하려는 노력일 뿐이며, 자신들의 가격을 놓고 자본가와 다투어야 하는 필요성은 자신을 상품으로 판매해야만 하는 노동자계급의 조건에

내재하는 것이다. 매일매일 벌어지는 자본과의 갈등에서 비겁하게 항복한다면, 노동자계급은 더 커다란 운동을 일으킬 자격을 스스로 박탈하는 셈이 될 것임이 틀림없다.

그와 동시에, 그리고 임금제도과 연관되어 있는 일반적 속박은 논외로 하더라도, 노동자계급은 이처럼 매일매일 벌어지는 투쟁이 가져올 궁극적 작용을 스스로에게 부풀리지 말아야 마땅하다. 노동자계급은 자신이 결과와 싸우고 있는 것이지 그러한 결과의 원인과 싸우고 있는 것이 아니라는 점, 아래를 향하는 운동을 저지하고 있는 것이지 운동의 방향을 변화시키고 있는 것은 아니라는 점, 임시변통을 쓰고 있는 것이지 병폐를 치료하고 있는 것이 아니라는 점을 잊지 말아야 마땅하다. 따라서 노동자계급은 절대로 멈추지 않는 자본의 침해나 시장의 변화로부터 그칠 줄 모르며 생겨나는 이러한 불가피한 유격전에 전적으로 몰두하지 말아야 마땅하다. 노동자계급은 현재의 제도가 자신들에게 온갖 비참함을 강요하고 있지만 그와 동시에 사회를 경제적으로 재건하는 데 필요한 **물질적 조건**과 **사회적 형태**가 생겨나게 하기도 한다는 점을 이해해야 마땅하다. 노동자계급은 자신의 깃발에 **"공정한 하루 노동에 대한 공정한 하루 임금!"**이라는 **보수적** 모토가 아니라 **"임금제도 폐지!"**라는 **혁명적** 표어를 새겨야 마땅하다.

대단히 긴, 혹시 지루하지 않았을까 두려운, 하지만 나로서는 주제가 되는 사안을 제대로 다루기 위해 어쩔 수 없었던 이 해설을 마치며, 아래와 같은 결의를 제안하는 것으로 결론을 내리도록 하겠다.

첫째. 임금률의 일반적 상승은 이윤율의 일반적 하락이라는 결과로 끝날 것이지, 개략적으로 말하자면 상품 가격에는 영향을 미치지 않을 것이다.

둘째. 자본주의적 생산의 일반적 경향은 임금의 평균 수준을 인상하는 것이 아니라 하락하게 한다.

셋째. 노동조합은 자본의 침해에 맞서는 저항의 중심으로 훌륭히 작동한다. 노동조합은 자신의 힘을 무분별하게 사용하면 부분적으로 실패한다. 현재 존재하는 제도의 효과에 저항하는 유격전에만 스스로를 제한하고 그와 동시에 제도를 변화시키려 하지 않는다면, 자신의 조직된 힘을 노동자계급의 종국적 해방, 바꾸어 말하자면 임금제도의 궁극적 폐지를 위한 지렛대로 사용하지 않는다면, 노동조합은 일반적으로 실패한다.

역자 주

[1] 1848년에 헝가리에서 합스부르크 왕가의 지배에 대항하여 혁명이 일어나자 1849년에 러시아 짜르의 군대가 개입하여 혁명을 진압했다.

[2] 1849년 3월 부르주아가 주도하는 프랑크푸르트 국민회의는 독일 통일을 위한 제국헌법, 이른바 프랑크푸르트 제국헌법Frankfurter Reichsverfassung(또는 파울교회헌법Paulskirchenverfassung)을 채택했다. 하지만 독일의 다른 정부들은 주권을 잃고 싶지 않아 헌법에 반대했고, 드레스덴Dresden, 이절론Iserlohn, 엘버펠트Elberfeld, 팔쯔Pfalz, 바덴Baden 등지에서는 헌법을 옹호하는 봉기가 일어났다. 독일 정부는 봉기를 진압한 뒤 『신라인신문』를 비롯한 급진적 매체의 발행을 금지했다.

[3] 1891년에는 발견되지 않았던 맑스의 속편 원고의 초고는 훗날 발견되었고, 독일어판 『칼 맑스 프리드리히 엥겔스 저작집』 제6권 535~556쪽에 「임금 Arbeitslohn」이라는 제목으로 실려 있다.

[4] 독일어판 『칼 맑스 프리드리히 엥겔스 저작집』 제13권 3~160쪽에 실려 있는 이 저작의 한국어판으로는 김호균이 번역한 『정치경제학 비판을 위하여』(중원문화, 2012년)가 있다. 이 저작의 「서문」에서 맑스는 자신이 정치경제학을 연구하게 된 경과와 그 결과를 소개하고 있는데, 『월간 좌파』 2013년 5월호(창간호)에는 그 글을 새로 번역하고 해설한 졸고 「맑스가 "정치경제학 비판"을 시작하기까지」가 실려 있다. 이 책 「해제」는 그 글의 일부를 이용한 것임을 밝혀 둔다.

[5] 독일어판 『칼 맑스 프리드리히 엥겔스 저작집』 제23권에 실려 있는 이 저작의 한국어판으로는 강신준이 번역한 『자본 Ⅰ-1』, 『자본 Ⅰ-2』(도서출판 길, 2008년)이 있다. 그 번역본에는 독일어판 쪽이 표시되어 있다.

[6] 독일어판 『칼 맑스 프리드리히 엥겔스 저작집』 제23권 559쪽.

[7] 엥겔스가 이 글을 쓸 당시 유럽 몇몇 나라에서는 메이데이(5월 1일) 다음 첫 일요일에 5월제라는 축제가 열렸는데, 1891년에는 그날이 5월 3일이었다.

[8] 1848년 2월 22일에서 25일까지 빠리의 노동자, 수공업자, 대학생 들이 루이-필립Louis-Philippe의 부르주아 입헌군주제를 타도하고 공화국을 선포했다('2월 혁명'). 이로 인해 프랑스 제2공화정이 시작되었고, 그 여파로 독일과 오스트리아에서도 혁명이 일어났다. 하지만 1848년 6월 23일부터 26일까지 빠리에서 부르주아지와 프롤레타리아 사이에 최초의 대결('6월 투쟁')이 벌어져, 프롤레타리아는 소부르주아와 농민으로부터 고립되어 진압되었다.

[9] 1848년 2월 혁명에 뒤이어 폴란드, 이딸리아, 헝가리 등지에서 독립을 위한 전쟁이 일어났다. 폴란드에서는 프로이센의 지배에서 벗어나 민족국가를 건설하려 했으며, 이딸리아는 합스부르크 왕가의 지배를 끝장내고 통일된 민족국가를 수립하려 했으며, 헝가리에서는 마자르인을 중심으로 자치를 요구하며 보통선거, 언론 자유, 농노제 폐지 등을 요구했다. 하지만 프랑스에서 혁명이 패배하고 제2공화정이 승리하면서 그 나라들에서도 독립전쟁이 패배했다.

[10] 프랑스에서 2월 혁명이 일어난 뒤 오스트리아의 자유주의자들이 1848년 3월에 합스부르크 왕가의 절대주의에 맞서 헌법 제정 등을 요구하며 봉기하자 정부는 수상 메테르니히Klemens Wenzel Lothar von Metternich를 물러나게 하는 등 자유주의자들의 요구를 들어줄 것처럼 보였지만, 여름부터 정부가 반격을 시작하면서 주변 국가의 독립운동을 진압했고 10월에는 수도 빈을 함락했다.

[11] 1848년 11월 9일 독일 베를린에서 열린 헌법제정의회에서는 반동 연합세력이 중요한 지위를 차지하도록 자유주의 부르주아지가 허용함으로써 결국 의회가 해산되었다.

[12] 알렉산드로스 대왕은 이오니아 지방의 도시 고르디우스의 신전 기둥에 묶여 있던 매듭을 칼로 끊어 버렸는데, 전차를 묶고 있던 이 매듭을 푸는 자가 아시아의 지배자가 될 것이라는 전설이 내려오고 있었다.

[13] 그리스신화에 따르면, 저승과 마법을 관장하는 헤카테 여신은 살아 있

는 황소 100마리를 제물로 무덤에 묻었다고 한다.

[14] 여기부터 대괄호 안에 넣은 소제목은 맑스의 원고를 편집하며 에이블링이 붙인 것이다. 자세한 내용은 「해제」를 보라.

[15] 국제노동자협회 제1차 대회를 말하며, 애초에는 1865년에 브뤼셀에서 열릴 예정이었으나 1866년 9월 3일부터 8일까지 주네브에서 열렸다.

[16] 1847년 6월 영국 의회에서 통과된 새로운 공장법은 청소년과 여성의 노동일을 그해 7월 1일부터는 11시간으로 단축하고 1848년 5월부터는 10시간으로 단축하도록 규정했다.

[17] 19세기에 영국에서는 부르주아지(자본가)를 "중간계급middle class"라 불렀는데, 이는 그들의 지위가 귀족과 하층민 사이의 중간이라는 의미였다.

[18] 맑스는 『자본』 제1부에서 유어, 시니어 등의 논리를 상세히 소개하고 비판하는데, 특히 잉여가치율을 다루는 제7장 제3절의 제목은 "시니어의 마지막 한 시간"이다.

[19] 프랑스대혁명이 진행되던 1792년에 로베스삐에르를 위시한 자꼬뱅의 주도로 상품 가격과 표준임금의 한도를 정하는 법률이 도입되었다.

[20] 1861년 9월 맨체스터에서 영국의 과학진흥협회Society for the Advancement of Science 제31차 정기 회의가 열렸고, 그때 엥겔스를 만나러 맨체스터로 갔던 맑스는 회의를 참관했다. 맑스는 그 회의에서 발표한 사람으로 W. 뉴먼을 언급하고 있지만, 실제로는 영국의 경제학자이자 통계학자인 뉴마치William Newmarch(1820~1882)였다.

[21] 1853년부터 1856년에 걸쳐 영국, 프랑스, 사르디니아, 투르크가 러시아와 맞서 벌인 끄림전쟁을 말한다.

[22] '런던기예협회'란 1754년에 '기예, 공업, 상업 진흥협회The Society for the encouragement of Arts, Manufacture and Commerce'라는 이름으로 창립되어 후에 '왕립 기예, 공업, 상업 진흥협회The Royal Society for the Encouragement of Arts, Manufactures and Commerce'가 된 단체를 말한다. 이 단체는 기업가와 노동자 사이에 벌어지는 문제를 주로 중재를 통해 해결하려 했다. 찰스 디킨스 Charles John Huffam Dickens(1812~1870), 애덤 스미스, 벤저민 프랭클린 등이 이 협회의 주요한 회원이었고, 칼 맑스는 1869년에 회원이 되

었다.

맑스는 논문 「농업에서 사용되는 힘들The Forces used in Agriculture」의 저자를 그의 아들과 혼동하고 있다. 1859년에 『기예협회회보Journal of the Socity of Arts』에 발표된 그 논문의 필자는 존 모턴John Morton(1781~1864)이며, 맑스가 이 글을 쓸 당시 고인이었던 그를 대신해 위 협회에서 논문을 발표한 사람이 그의 아들 존 차머스 모턴이었다.

[23] 영국에서는 12세기 이래로 곡물의 수입을 규제해 왔고, 특히 나뽈레옹이 전쟁을 일으킨 1815년에는 수입 곡물에 매우 높은 관세를 부과하는 법률("곡물법Corn Law")을 제정했다. 그러자 임금을 낮추려던 공장주들을 중심으로 "반反곡물법 동맹"이 결성되었고, 곡물법은 결국 휘그당이 주도하던 의회에서 1846년에 폐지되었다.

[24] 소버린sovereign은 영국의 1파운드스털링 금화의 이름이다.

[25] 윌리엄 4세(1830~1837 즉위)의 법률에 따르면 통화의 주조 비용은 국고로 부담하고 마멸에 의한 손실은 소유자가 부담하기로 되어 있어서, 실제 가치에 미치지 못하는 통화가 다량으로 유통되었고 국가는 그런 통화를 실제 가치에 따라 회수하곤 했다.

[26] 1861년부터 1865년까지 벌어진 남북전쟁으로 인해 면화 공급이 줄어들어 영국에서는 공황이 일어났다.

[27] 벤저민 플랭클린의 저작 『지폐의 본성과 필요에 관한 소소한 탐구A modest enquiry into the nature and necessity of a paper-currency』가 발표된 것은 1721년이 아니라 1729년이다.

[28] 애덤 스미스의 『국부론』 제1편 제7장 「상품의 자연가격과 시장가격에 대하여」의 한 구절이다. 김수행 역, 『국부론 [상]』, 비봉출판사, 2003년, 69쪽.

[29] 영국에서는 1847년에 새로운 공장법([16] 참조)을 통해 여성 및 청소년에 대해 노동시간을 하루 10시간으로 제한했으나 교대제를 허용해 취지가 유명무실했다. 대륙을 보자면, 프랑스에서는 1848년 2월 혁명의 결과로 성인 노동자의 노동시간을 빠리에서는 하루 10시간, 다른 도시에서는 11시간으로 정했으나, 혁명정부가 무너진 뒤 1849년이 되자 대통령령이 내려져 전국적으로 12시간으로 정해졌다.

[30] 토머스 홉스의 『리바이어던』 제1부 제10장 「힘, 가치, 위계, 명예, 적격에 대하여」의 한 구절이다. 진석용 옮김, 『리바이어던 1』, 나남, 200년, 123~124쪽.

[31] 프루동이 『소유란 무엇인가』 제3장 제6절 「사회에서 모든 임금은 평등하다」에서 주장한 바를 가리키는 듯하다. 이용재 옮김, 『소유란 무엇인가』, 아카넷, 2003년, 185~195쪽.

[32] 수은은 광석에서 귀금속을 정련하는 데 사용된다.

[33] 1792년부터 1815년까지 프랑스에서 벌어진 자꼬뱅의 공포정치에 맞서 영국이 벌인 전쟁을 말하며, 이때 영국의 지배층은 노동자들이 자신들의 처지를 개선하려는 운동을 폭력적으로 탄압했다.

[34] 『지대의 본성과 발전 및 지대를 규제하는 원리들에 관한 연구An Inquiry into the Nature and Progress of Rent, and the Principles by which it is regulated』(런던, 1815년)를 말한다.

[35] 존 커닝엄John Timothy Cunningham이 쓴 것으로 훗날 밝혀진 『무역과 상업에 관한 시론An essay on trade and commerce: containing observations on taxes, as they are supposed to affect the price of labour in our manufactories: together...... on the importance of our trade to America』(런던, 1770년)을 말한다.

[36] 자가나트는 힌두교의 세 주신主神 가운데 하나인 비슈누의 여덟 번째 화신(아바타) 크리슈나의 이름이며, 열성적 신자들은 축제 때 자가나트의 형상이 새겨진 수레바퀴 아래로 몸을 던졌다고 한다.

[37] 구빈법Poor Laws은 16세기에 영국에 도입되어 19세기 초까지 시행되었는데, 이 법에 따르면 빈민을 지원하기 위한 특별세는 교구별로 걷도록 되어 있었고, 가족을 부양할 수 없는 교구 주민은 현금으로 지원을 받게 되어 있었다.

[38] 셰익스피어는 『헨리 4세』, 『헨리 5세』, 『리어 왕』, 『리처드 3세』 등의 사극에서 자영농인 요먼yeoman을 과장된 자부심으로 나라에 충성하는 모습으로 그렸다.

[39] 리카도의 『정치경제학 및 과세의 원리』 제31장 「기계에 관하여」에 나오는 이야기다. 정윤형 역, 『정치경제학 및 과세의 원리』, 비봉출판사, 1991년, 특히 473쪽.

인물 해설

뉴먼, 프랜시스 윌리엄 Francis William Newman (1805~1897) 영국의 철학자, 저널리스트, 부르주아 급진주의자.

램지, 조지 경 (1800~1871) 영국의 경제학자.

로베스삐에르, 막씨밀리앵 프랑수아 Maximilien François Marie Isidore de Robespierre (1758 ~ 1794) 프랑스의 정치인, 철학자, 법률가, 혁명가, 작가.

로즈, 조지 George Rose (1744~1818) 영국의 정치가, 토리당원, 재무상.

리카도, 데이비드 David Ricardo (1772~1823) 영국의 경제학자.

맑스, 칼 Karl Marx (1818~1883)

맬서스, 토머스 로버트 Thomas Robert Malthus (1766~1834) 영국의 성직자, 경제학자.

모턴, 존 차머스 John Chalmers Morton (1821~1888) 영국의 농학자, 저술가.

바쿠스 로마신화에 나오는 술의 신.

바턴, 존 John Barton (1789~1852) 영국의 경제학자.

셰르뷜리에, 앙뜨완느-엘리제 Antoine-Élisée Cherbuilliez (1797~1869) 스위스의 경제학자.

셰익스피어, 윌리엄 William Shakespeare (1564~1616) 영국의 극작가.

손턴, 윌리엄 토머스 William Thomas Thornton (1813~1880) 영국의 경제학자.

스미스, 애덤 Adam Smith (1723~1790) 영국의 경제학자.

시니어, 나소 윌리엄 Nassau William Senior (1790~1864) 영국의 속류 경제학자.

시스몽디, 드 장 샤를르 레오나르 Jean Charles Léonard de Sismondi (1773~ 1842) 프랑스의 역사가, 경제학자.

아그리파, 메네니우스 라나투스 (메네니우스 아그리파) (? ~ 기원전 493) 로마의 집정관(기원전 503).

알렉산드로스 대왕 (기원전 356~기원전 323) 마케도니아 왕국의 왕.

어커트, 데이비드 David Urquhart (1805~1877) 잉글랜드의 외교관, 토리당원.

엥겔스, 프리드리히 Friedrich Engels (1820~1895)

오언, 로버트 Robert Owen (1771~1858) 영국의 유토피아 사회주의자.

우어, 앤드류 Andrew Ure (1778 ~1857) 영국의 의사, 학자, 화학자.

웨스턴, 존 John Weston (?~?) 영국의 목수, 1864년 국제노동자협회 창립 대회 참가자, 중앙평의회 의원(1864~1872).

존스, 리차드 Professor Richard Jones (1790~1855) 영국의 경제학자

투크, 토머스 Thomas Tooke (1774~1858) 영국의 경제학자.

프랭클린, 벤저민 Benjamin Franklin (1706~1790) 미국의 정치가, 경제학자, 저술가.

홉스, 토머스 Thomas Hobbes (1588~1679) 영국의 철학자.

[해제]

맑스의 정치경제학 비판의 궤적

1. 『임금노동과 자본』

1) 1847년까지의 칼 맑스

칼 맑스는 1818년에 독일의 트리어에서 태어났다. 독일 서쪽 끝에 붙어 있어 룩셈부르크에 가까운 그 도시는 1789년 프랑스 혁명 이후 나뽈레옹에게 점령되어 혁명의 이념이 퍼져 있던 곳이었다. 중등교육기관인 김나지움을 졸업한 맑스는 1835년에 본대학 법학과에 입학했다가 베를린대학으로 옮긴다. 아버지는 아들이 중앙 무대로 진출해 영향력 있는 법률가가 되기를 원했기 때문이다.

맑스는 아버지의 기대를 저버리고 '운동권'을 만난다. 형제인 브루노 바우어Bruno Bauer(1809~1882)와 에드가 바우어Edgar Bauer(1820~1886), 아돌프 루텐베르크Adolf Friedrich Rutenberg(1808~1869), 칼 쾨펜Karl Friedrich Köppen(1808~1863) 등이 모여 있던 청년헤겔파의 소굴이며 반정부 지식인의 모임인 박사클럽을 드나든 것이다.

당시 지식인 운동권의 핵심이던 청년헤겔파의 구상은 대학

강단을 장악하여 청년들의 정신세계를 바꾸는 것이었다. 하지만 1830년에 프리드리히 빌헬름 3세가 사망하고 그의 아들이 즉위하면서 '운동권 교수'가 설 자리는 사라졌다. 그들에게 남은 길은 문필가 또는 언론인이었다. 맑스는 박사가 된 이듬해인 1842년에 「최근 프로이센의 검열제도에 대한 견해」라는, 정부 정책을 비판하는 정치적 문서를 발표한다. 그리고는 신문사에서 일하게 된다.

『라인신문』은 프로이센 왕정과 정치적으로 대립하던 라인 지역의 중산층이 창간한 신문이었다. 그들에게는 돈이 있었고, 그들은 언론을 통해 여론을 장악하려 했고, 따라서 그럴듯한 논리로 정부를 공격할 문필가가 필요했다. 맑스처럼 강단에 서지 못해 갈 곳을 잃은 반정부 지식인은 넘쳐 났다.

하지만 피히테Johanm Gottlieb Fichte(1762~1814), 헤겔Georg Wilhelm Friedrich Hegel(1770~1831), 셸링Friedrich Wilhelm Joseph von Schelling(1775~1854) 등의 철학을 논하던 그들에게, 절대아, 절대정신, 계시 등으로 세월을 보내던 그들에게, 땔감이 없어 나뭇가지를 주워 간 것을 두고 "목재 절도"라 하는 사건에 대해, 또는 포도를 재배하며 사는 모젤 지역 농민들이 처한 어려움에 대해 기사나 논설을 작성한다는 것은 쉬운 일이 아니었다. 맑스는 새로운 공부가 필요하다는 생각에 이르렀다. 이제 신문사 일이 부담스러웠다.

고맙게도 『라인신문』 경영진은 프로이센 정부의 탄압을 두려워하며 편집장 맑스에게 신문의 논조가 너무 세지 않게 조절하라고 주문했고, 맑스는 기다렸다는 듯이 편집장 직에서 물러

났다. 1843년의 일이었다. 신문 역시 같은 달에 폐간했다.

맑스는 편집장 직을 사임하고 얼마 안 있어 결혼식을 올렸고, 그 직후에 처가가 있는 크로이츠나하에서 헤겔의 법철학을 집중적으로 연구했다. 그리고 1843년 10월에 프랑스 빠리로 이주해, 그곳에서 새로이 연구도 시작하고 사람도 사귀며 잡지를 발간하게 된다. 그 잡지는 『독일프랑스연보』라는 이름에서 알 수 있듯이, 독일과 프랑스에 거주하던 청년헤겔파를 주축으로 해마다 낸다는 계획으로 창간되었지만 한 차례 발간되었을 뿐이다. 그 잡지에는 맑스와 엥겔스의 글이 두 편씩 실렸다.

헤겔 법철학의 연구와 『독일프랑스연보』를 위한 작업의 결과를 맑스는 훗날인 1859년에 다음과 같이 썼다.

> 법 관계와 국가형태는 그것들 자체로부터 파악될 수 있는 것이 아니라 오히려 물질적 생활 관계에 뿌리내리고 있다는 것, 즉 헤겔이 18세기 영국과 프랑스의 선행자들을 따라 '시민사회'라는 이름 아래 그 전체를 총괄했던 물질적 생활 관계에 뿌리내리고 있다는 것, 시민사회의 해부학은 정치경제학에서 찾아야 한다는 것이 내가 고찰한 결과였다.

빠리에서 맑스는 드디어 정치경제학을 공부하게 되며, 그때 적어 둔 글을 모은 것이 이른바 『1844년의 경제학 철학 초고』(박종철출판사 『칼 맑스 프리드리히 엥겔스 저작 선집』 제1권 25~91쪽에 발췌 수록)라는 책이다. 한편, 프로이센 정부는 『독일프랑스연보』에 실린 글이 국왕을 모독했다고 보고 프랑스 정부에 맑스를 추방하라고 압력을 넣었고, 프랑스 수상 기조는 이를 받아들였다. 맑스는 쫓겨나 벨기에의 브뤼셀로 이주했다.

맑스가 머물던 브뤼셀에 엥겔스가 도착하면서, 평생 동안 지속될 두 사람의 공동 작업이 시작된다. 1845년에 출간된 첫 성과는 자신들이 속해 있던 청년헤겔파를 비판하는 『신성 가족, 혹은 비판적 비판에 대한 비판. 브루노 바우어와 그 일파에 반대하여』(같은 책, 92~123쪽에 발췌 수록)다. 청년헤겔파를 비판하는 작업은 그 뒤로도 이어져, 두 사람은 『독일 이데올로기』(같은 책, 191~264쪽에 발췌 수록) 집필에 돌입한다. 이 저작의 원제는 『독일 이데올로기. 포이어바흐, 바우어, 슈티르너를 대표자로 하는 최근 독일 철학에 대한 비판과 여러 예언자의 독일 사회주의에 대한 비판』이다. 다루는 내용이 무엇인지는 제목이 잘 설명해 준다. 이 책은 인쇄업자가 청년헤겔파에 우호적이었던 관계로 세상에 나올 수 없었지만, "스스로에게 해명하는 것"이 달성되었기 때문에 두 사람은 개의치 않았다.

『독일 이데올로기』 집필 이후, 맑스와 엥겔스는 자신들이 도달한 결론을 중심으로 사람을 모으는 일에 힘을 쏟았다. 정치가, 조직가로서의 활동이 시작된 것이다. 유럽 곳곳에 공산주의자연락위원회를 만들고, 독일에서 추방된 수공업자들의 조직이었던 의인동맹을 유럽 전역에 걸친 공산주의자동맹으로 전환하는 데 앞장섰고, 자신들이 보기에 유럽에서 공산주의자와 노동자의 운동에 해악을 끼치던 인물들과 논쟁했고, 1848년에 유럽에서 혁명이 일어나자 공산주의자동맹의 이름으로 혁명에 개입했고, 그런 와중에 노동자 단체에서 교육 활동을 벌여 나갔다.

2) 경제학 연구와 『임금노동과 자본』

1847년 8월, 맑스와 엥겔스의 발의로 벨기에에서 독일인 노동자 단체가 결성된다. 의인동맹을 개편하려던 계획의 한 부분이었다. 그리고 1847년 12월에 맑스는 그 단체에서 경제학 문제, 즉 "임금노동과 자본"이라는 문제를 강의했다.

맑스는 그 강의록을 출판할 생각이었고, 바이데마이어Joseph Arnold Weydemeyer(1818~1866)가 강의 내용을 정리해 두었다. 하지만 1848년에 혁명이 터지면서 출판은 미뤄지고, 1849년이 되어서야 『신라인신문. 민주주의의 기관지』에 시리즈로 실리게 된다. 이 신문은 맑스가 편집장이었던 『라인신문』의 정신을 잇겠다며 1848년 1월 1일에 창간된 일간지였다. 다섯 편의 강의 기사는 1849년에 『신라인신문』 제264호(4월 5일), 제265호(6일), 제266호(7일), 제267호(8일), 제269호(11일)에 실렸다.

이 책에 번역된 기사들은 다음과 같은 주제를 다루고 있다. 임금이란 무엇인가(첫 기사), 상품 가격은 무엇에 의해 결정되며 임금은 무엇에 의해 결정되는가(두 번째 기사), 자본의 속성과 자본의 성장(세 번째 기사), 임금노동과 자본의 관계(네 번째 기사), 자본의 이해득실과 임금노동의 이해득실의 대립과 자본가계급 사이의 경쟁이 중간계급과 노동자계급에게 미치는 영향(다섯 번째 기사).

하지만 앞에서 인용한 맑스의 1859년의 회고에 따르면, "2월 혁명 때문에, 그리고 그로 인해 내가 강제로 벨기에에서 추방되었기 때문에 인쇄가 중단되었다."

어쨌든 다섯 편의 신문 기사를 그대로 인쇄한 소책자는 여러 차례 인쇄되었고, 엥겔스가 머리말에서 밝힌 바에 따르면 1884년까지도 그런 식으로 보급되고 있었다.

이 강연 원고가 제대로 된 책으로 출판된 것은 엥겔스가 교열을 보고 머리말을 단 1891년이 되어서다. 엥겔스의 머리말은 단행본이 나오기 전인 1891년 5월 13일 독일사회민주주의당 기관지였던 『전진Vorwärts』에 "임금노동과 자본"이라는 제목의 부록으로 실렸고, 이후 약간 수정하여 독일(『자유Freiheit』), 이딸리아(『사회 비판 Critica Sociale』), 프랑스(『사회문제Question sociale』) 등의 사회주의 언론에도 실렸다.

엥겔스는 단순히 오자를 바로잡는 데 그치지 않고 "맑스가 1891년에 썼을 것과 유사한 소책자"로 내용을 조금 고쳤는데, 이때 중심에 놓인 것은 노동자가 자본가에게 임금을 대가로 판매하는 것이 "노동"이 아니라 "노동력"이라는 점이다.

2. 『가치, 가격, 이윤』

맑스는 1848년에 유럽에 혁명이 벌어질 것을 예측하며 의인동맹을 공산주의동맹으로 개편하고 그 강령적 문서인 『공산당 선언』(훗날 『공산주의 선언』으로 수정)을 집필하는 등, 현실의 혁명운동에 깊숙이 개입했다. 여기서는 정치경제학 연구와 관련한 맑스의 진전만 확인하도록 하겠다.

맑스는 망명과 추방을 되풀이하다 런던에 정착하면서 경제학 연구를 다시 시작할 수 있었다. 1850년대에 들어서면서다.

앞서도 인용한 글에서 다시 인용해 보자.

> 대영박물관에 쌓여 있는 정치경제학의 역사에 관한 방대한 자료, 부르주아사회의 관찰을 위해 런던이 충족한 유리한 입지, 끝으로 캘리포니아와 오스트레일리아에서 금이 발견되면서 부르주아사회가 새로운 발전 단계에 진입한 것처럼 보인 일 따위가 나로 하여금 완전히 처음부터 다시 시작할 것과 새로운 자료를 비판적으로 독파할 것을 결심하도록 만들었다.

그리하여 마침내 1859년 맑스의 경제학 연구 결과가 책으로 출판되었다. 1859년 『정치경제학 비판을 위하여. 제1분책』! 앞의 두 인용문은 모두 그 책 「서문」(박종철출판사의 『칼 맑스 프리드리히 엥겔스 저작 선집』 제2권, 474~480쪽)의 일부다.

하지만 맑스는 이어지는 분책을 출판하지 않았다. 개별 주제에 관해 연구하고 그 결과를 집필하는 한편, 애초의 연구 계획을 바꾸기를 되풀이했다.

1864년 9월 28일, 런던의 성 마틴 홀 St. Martin's Hall에서 국제노동자협회Working Men's International Association가 창립된다. 1863년 1월 폴란드에서 봉기가 일어난 뒤 노동자의 국제적 연대를 도모하기 위해 프랑스와 영국의 활동가들이 중심이 되어 펼친 노력의 결과였다.

흔히 "인터내셔널"이라 불리게 되는 이 단체는 프롤레타리아트의 최초의 국제적인 혁명적 대중조직이었다. 당시 활동하던 다양한 조류의 사회주의자, 공산주의자, 아나키스트는 물론

이고 노동조합에서 활동하던 인물들도 국제노동자협회에 참여했다. 오언Robert Owen(1771~1858)의 영향을 받고 있던 영국의 노동조합 활동가, 블랑끼Louis Auguste Blanqui(1805~1881)나 프루동Pierre-Joseph Proudhon(1809~1865)을 지지하던 프랑스를 비롯한 라틴계 국가의 활동가, 민족독립을 위해 분투하던 아일랜드와 폴란드의 운동가, 이딸리아의 공화주의자, 라쌀Ferdinand Lassalle(1925~1864)의 노선을 받아들인 독일 사회주의자, 그리고 맑스 지지자, 이 모두를 아우르는 단체였다.

최초에 단체 결성을 주도한 인물들은 맑스에게 「발기문」(박종철출판사의 『칼 맑스 프리드리히 엥겔스 저작 선집』 제3권 1~13쪽)과 「임시 규약」(같은 책, 14~17쪽)을 작성해 달라고 했고, 이후에도 맑스와 엥겔스는 국제노동자협회의 활동에 전념했다.

단체가 창립된 지 얼마 되지 않았던 1865년 4월과 5월에 열린 중앙평의회에서 영국을 대표하는 평의원 존 웨스턴이 토론을 제안했다. 임금 상승이 노동자계급의 사회적 또는 물질적 처지를 일반적으로 개선하는 데 도움이 되는지, 말하자면 특정 부문의 임금 상승은 다른 부분에 해로운 영향을 미치는 것은 아닌지의 문제를 토론하자는 것이었다. 오언주의자였던 웨스턴의 제안에는 당연히 자신의 답변이 담겨 있었다. (존 웨스턴이 언제 태어나 언제 죽었는지는 확인할 수가 없다. 독일어판이나 영어판의 색인에도 생몰 연도가 표시되어 있지 않고, 인터넷 어디에서도 찾지 못했다.)

웨스턴의 견해에 비판적이었던 맑스는 그해 5월에 웨스턴의 견해에 반대하는 발언을 했고, 마침내 6월 20일과 27일에 중앙 평의회에서 영어로 강연했다. 그 강연의 제목이 "가치, 가격, 임금 Value, Price and Wage"이다.

당시에 맑스와 엥겔스는 웨스턴의 보고서와 맑스의 강연을 묶어 출판하려 했다. 하지만 『자본』 출판을 준비하는 상황에서 아직 정교하게 다듬지 못한 이론을 출판하는 것은 부담이었으며, 무엇보다 국제노동자협회의 다른 업무와 『자본』 집필로 인해 강연 원고를 다듬을 수가 없었다.

결국 맑스가 죽고 엥겔스도 죽은 뒤에 맑스의 딸 엘레노어 Eleanor(1855~1898)가 엥겔스의 유고를 정리하다 이 원고를 발견하여 1898년에 영어로 출판했다. 원고는 열네 개의 절로 나뉘어 있었고, "서두"와 앞의 여섯 절에는 제목이 별도로 없었다. 여기에 제목을 붙이고 간단한 머리말을 쓴 것은 엘레노어의 남편 에이블링Edward Aveling(1849~1898)이었다.

같은 해에 독일사회민주당이 발간하던 이론지 『신시대Die Neue Zeit』에 번역되어 실릴 때는 제목이 "임금, 가격, 이윤Lohn, Preis und Profit"으로 바뀌었다.

이 강연은 1859년에 『정치경제학 비판을 위하여. 제1분책』이 출판된 이후에 이루어진 만큼, 맑스의 정치경제학 연구가 매우 진전되었음을 보여 준다. 이 강연이 있고 몇 년 뒤인 1867년에 『자본. 정치경제학 비판을 위하여』 제1부가 세상에 나왔다.

개정판 역자 후기

‘맑스 엥겔스 에센스’ 시리즈 두 번째 권이었던 『임금 노동과 자본』은 1999년 6월에 처음 나왔다. 이제라도 개정판을 내게 되어 다행이라 생각한다.

맑스의 원고는 노동자 단체에서 이루어진 강연을 토대로 신문에 연재되었던 글인데, 한국어로 번역하는 과정에서 역자의 부족함이 너무 많았던 책이었다. 늦었지만 독자들에게 사과의 말씀을 드린다.

아울러 그로부터 약 20년이 흐른 뒤에 경제학 연구가 더 깊어진 맑스가 더 큰 규모의 단체에서 강연한 원고 『가치, 가격, 이윤』도 이 책에 함께 묶었다.

자본주의경제에 대한 맑스의 분석을 이해하려면 『자본』을 읽어야 하겠지만, 이 책에 실린 글 두 편이 여러 권으로 된 그 두꺼운 책을 조금이나마 대신할 것으로 믿는다.

2020년 4월

김태호

김태호

『칼 맑스 프리드리히 엥겔스 저작 선집』(전 6권)의 번역과 발간에 참여했고, 맑스와 엥겔스의 저작들과 『프레카리아트. 새로운 위험한 계급』 등을 번역했다.

임금노동과 자본/ 가치, 가격, 이윤

지은이 칼 맑스 · 프리드리히 엥겔스
옮긴이 김태호

펴낸곳 박종철출판사
주소 (10497) 경기도 고양시 덕양구 화중로104번길 28 704호(화정동)
전화 031-968-7635(편집), 031-969-7635(영업), 031-964-7635(팩스)
신고번호 제 2013-000045호
신고연월일 1990년 7월 12일

초판 1쇄 1996년 6월 24일
초판 3쇄 2009년 2월 24일
개정증보판 1쇄 2020년 4월 20일

ISBN 978-89-85022-87-3 04300
978-89-85022-74-3 (세트)

값 9,000원